Eva-Maria Bast | Nadja Bucher

Geheimnisse
der Heimat

50 spannende Geschichten aus
Esslingen

Eßlinger Zeitung   ESSLINGEN AM NECKAR
STADTMARKETING & TOURISMUS GMBH

Bast, Eva-Maria; Bucher, Nadja

Geheimnisse der Heimat: 50 spannende Geschichten
aus Esslingen.

Eßlinger Zeitung, Esslinger Stadtmarketing & Tourismus GmbH
bei: Bücher am Münsterturm, Münsterstr. 35, 88662 Überlingen
(verantwortlich)
ISBN: 978-3-9815564-5-2

1. Auflage 2013

Copyright: Eva-Maria Bast, Nadja Bucher
Lektorat: Lena Bast
Covergestaltung: Cornelia Müller
Layout: Julia Blust, Stefanie Kuklau
Grafik: Jessica Steller
Satz: Homebase – Kommunikation & Design, Jarina Binnig
Druck: werk zwei Print+Medien Konstanz GmbH

Inhalt

Vorwort

Die Erwartungen der Menschen an ein Geheimnis sind im Grunde genommen ganz einfach. Sie wollen, dass sich ein Geheimnis lüften lässt – früher oder später, aber am Ende mit einer gewissen Zuverlässigkeit. Bis es so weit ist, haftet jedem Geheimnis etwas Mystisches an. Was wir nicht genau wissen, macht uns misstrauisch, vorsichtig, wirkt sogar beängstigend, doch mehr im Sinne eines wohligen Schauers. Auf jeden Fall ist ein Geheimnis faszinierend und diese Faszination geht auch auf Menschen über. Eine Frau oder ein Mann, umgeben von Geheimnissen, ist allemal interessanter als eine Person, die keine Fragen offen lässt. Aber auch Dinge, die völlig profaner Natur sein können, erlangen eine große Bedeutung, wenn etwa ihrer Herkunft die Aura des Geheimen anhaftet.

Die Faszination, die ein Geheimnis umgibt, ist nicht altersabhängig. In unserer Kindheit hatten wir Geheimverstecke, Geheimtreffen und allerhand Geheimnisse vor den Eltern sowieso. Wir haben das Buch „Die Schatzinsel" von Robert Louis Stevenson verschlungen, weil ein Schatz ja schon von Natur aus geheimnisvoll anmutet, weil er irgendwo verborgen ist und nicht so einfach gefunden werden kann. Aber natürlich sind auch Erwachsene keineswegs vor der Faszination eines Geheimnisses gefeit – und es ist doch wohltuend zu wissen, dass wir eben nicht alles wissen können und ein Rest im Verborgenen schlummert, über den man sich besser nur flüsternd unterhält.

Wenn es je eine Zeit gegeben hat, die als geheimnisumwoben in die Geschichte eingegangen ist, dann war es das Mittelalter. Manche nennen es auch die dunkle Zeit, weil Verfolgung, Kriege, Hungersnöte und Krankheiten die Menschen drangsaliert und deren Leben schwer gemacht haben. Aber das Mittelalter war auch Aufbruch in eine neue Zeit und hat die Menschen unserer Tage seit jeher ganz besonders in seinen Bann gezogen. Nicht nur, aber vor allem deshalb empfindet jeder, der in der ehemaligen Reichsstadt Esslingen wohnt oder der sie besucht, jene Faszination, die ein gutes Stück weit auf Geheimnissen beruht.

Enge Gassen, Fachwerk, Kopfsteinpflaster, die Burg, die nie eine war – Denkmale, wohin das Auge blickt, gehegte und gepflegte Bausubstanz aus einer Ära, die Vorlage unzähliger Romane und Filme war und ist. Dazu gesellt sich Esslingen als Zeugin der Industrialisierung und als zeitgemäße Stadt, in der Wohnen, Arbeiten und Erleben nahe liegen – im Spannungsfeld von Historie und Moderne.

Dass sich Eva-Maria Bast und Nadja Bucher Esslingen für ein Buch aus der Reihe „Geheimnisse der Heimat" ausgesucht haben, verwundert also in keinster Weise. Fast wären wir ein bisschen beleidigt, hätten sie es nicht getan. In jedem Fall sind Esslingen und ein Buch, in dem es um die großen und kleinen Geheimnisse der Stadt geht, geradezu ideale Partner. Geheimnisvolle Geschichten sind dabei häufig nichts anderes als Stadtgeschichte und damit kulturhistorisches Gut von hohem Wert.

Lassen Sie sich, verehrte Leserinnen und Leser, mit den Geheimnissen einer Stadt vertraut machen, die sich bis heute einige unentdeckte Winkel bewahrt hat. Helfen Sie mit, das eine oder andere Geheimnis zu lüften. So etwa dieses von ... – doch halt: Das soll vorerst noch ein Geheimnis bleiben.

Herzlichst Ihr

Christian Dörmann
Eßlinger Zeitung
stellv. Chefredakteur

Die Autorinnen

Eva-Maria Bast, Jahrgang 1978, arbeitet seit 1996 für verschiedene Zeitungen und Magazine. 2011 gründete sie mit Heike Thissen das Journalisten-büro „Büro Bast & Thissen", das 2013 zum „Bast Medien Service" erweitert wurde. Eva-Maria Bast initiierte und schrieb die Buchreihe „Geheimnisse der Heimat", die 2011 startete, rasch zu einem regionalen Bestseller wurde und 2013 in zehn Bänden vorliegt. 2013 wurde die Tageszeitung Südkurier für die Geheimnis-Reihe mit dem Deutschen Lokaljournalistenpreis der Konrad-Adenauer-Stiftung in der Kategorie Geschichte ausgezeichnet. Bast erweiterte ihr Büro 2013 um ein Eventprogramm für die „Geheimnisse der Heimat". 2012 begann sie sich auch der Belletristik zu widmen. Mit „Vergissmich-nicht" (Gmeiner-Verlag) gab sie ihr Krimi-Debüt, „Tulpentanz" folgte ein Jahr später. Im Frühjahr 2014 erscheint ihr erster historischer Roman. Eva-Maria Bast hat drei Kinder und lebt mit ihrer Familie in Überlingen am Bodensee.

Nadja Bucher, Jahrgang 1978, ist seit 2006 als Realschullehrerin für Deutsch / Geschichte und Bildende Kunst tätig und arbeitet für das Regierungspräsidium Stuttgart als Theatermultiplikatorin für Spiel- und Theaterpädagogik. Dort leitet sie an verschiedenen Schulen kleinere Theaterprojekte im Rahmen von Theaterworkshops oder bietet Lehrerfortbildungen an. 2012 veröffentlichte sie gemeinsam mit Tanja Médard beim Verlag an der Ruhr im Fachbereich Deutsch die Arbeitssammlung: „Selbstständig Rechtschreibung üben. Eine Kriminalgeschichte in 20 Wochenaufgaben". Nadja Bucher hat zwei Kinder und lebt mit ihrer Familie in Esslingen am Neckar.

Wer genau hinsieht, erkennt: Die Heiligenfigur in der Mitte hat keinen Kopf!

Madonna

Kein Kopf und sechs Zehen

Da gibt es nichts dran zu rütteln: Diese Heiligenfigur am Hochaltar in der Esslinger Stadtkirche hat keinen Kopf. Betrachtet man eine andere Abbildung am Hochaltar, auf der sie dargestellt ist, ist man noch verblüffter. Sie zeigt Maria mit sechs Zehen. Die groteske Geschichte, die

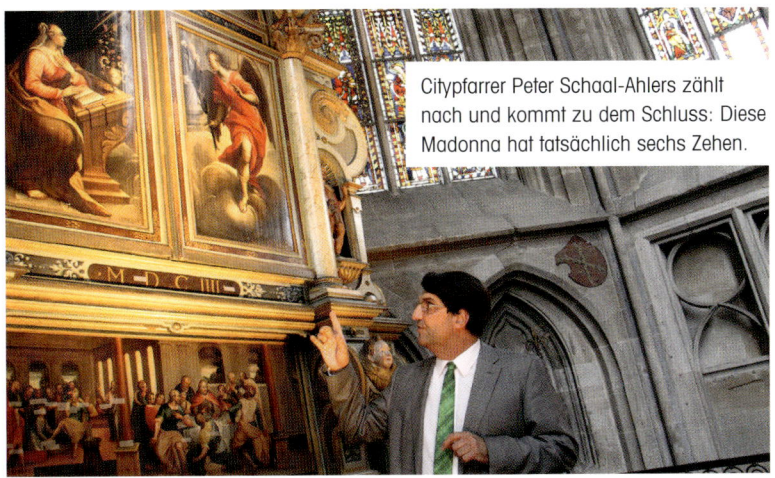

Citypfarrer Peter Schaal-Ahlers zählt nach und kommt zu dem Schluss: Diese Madonna hat tatsächlich sechs Zehen.

dahintersteckt, weiß Citypfarrer Peter Schaal-Ahlers zu erzählen. Dabei muss er immer wieder den Kopf schütteln. Zu hinterlistig findet er, was man mit der armen Maria – denn die kopflose Heilige ist ebenfalls die Gottesmutter – gemacht hat. Knapp siebzig Jahre nach der Reformation sei der Hofprediger Lukas Osiander (1534–1604) nach Esslingen gekommen. „Das war so ein Hundertfünfzigprozentiger. Er warf den Esslingern vor, dass sie ja gar nicht wirklich lutherisch seien, weil sie gar keine Bilder hätten."

Keine Ruhe habe dieser Osiander gegeben, „bis man zu einer Zeit, wo es eigentlich gar keine Hochaltäre mehr gab, im Jahre 1604, diesen Hochaltar errichtete und sich dabei an der Bilddarstellung

So geht's zur Maria:

Die Marienbildnisse befinden sich auf dem Hochaltar in der Stadtkirche St. Dionys am Marktplatz. Wenn der Flügelaltar geschlossen ist, also vom 1. Advent bis zum 23. Dezember und in der Passionszeit, ist die Verkündigungsszene zu sehen: Ankündigung der Geburt Jesu, Maria ist hier mit sechs Zehen dargestellt. Von Ostersonntag bis zum Dreieinigkeitsfest ist der Flügelaltar komplett geöffnet. Dann kann man auf dem rechten Bild die Pfingstszene mit Maria ohne Kopf betrachten.

11

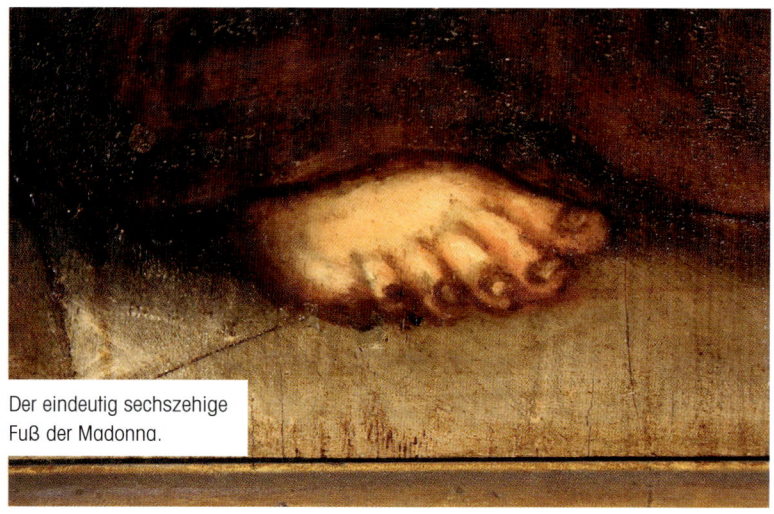

Der eindeutig sechszehige Fuß der Madonna.

der Katholiken orientierte. Was das alles mit der armen Maria zu tun hat, die sich übrigens in der Abbildung findet, die die Pfingstszene darstellt? „Die Evangelischen denken da so: Maria an Pfingsten, um Gottes willen, das kann doch nicht sein! Im protestantischen Verständnis ist Pfingsten ein Predigtgeschehen, das nichts mit Maria zu tun hat. Und deshalb hat man Maria kurzum ihres Kopfes beraubt", stellt der Pfarrer fest. Demjenigen, der den Anstoß für den Hochaltar gegeben hat, Lukas Osiander, war der Maler aber anscheinend so verbunden, dass er ihn in der Pfingstszene verewigte: Er steht neben Petrus in der Mitte der Jüngergruppe. Dass er Maria auf der anderen Darstellung, der Verkündigungsszene, dann aber auch noch sechs Zehen gab, sei „die zweite antikatholische Boshaftigkeit" gewesen. „Man hat sie hingemalt, um die Gottesmutter als behindert zu klassifizieren", kommentiert der Pfarrer die urkomische Geschichte des Kleinglaubens und erklärt: „Die katholische Kirche im Mittelalter war stark mariologisch orientiert, und die Protestanten sagten: Maria soll keinen wesentlichen Raum in einer Darstellung haben." Hätte der protestantische Maler die Darstellungsweise also nicht bei den Katholiken abgeschaut, sondern sich einer eigenen, protestantischen Bildsprache bedient, hätte er die Heilige wohl auch nicht dieserart traktieren müssen. So hat sie nun keinen Kopf, aber dafür sechs Zehen, die arme Maria auf dem Hochaltar.

Der Himmelsstürmer.

Himmelsstürmer
Auf der Suche nach einer neuen Heimat

Da oben balanciert doch einer! Ja, ist der denn lebensmüde? Der „Skywalker" oder „Himmelsstürmer", wie man ihn in Esslingen nennt, der auf einem schmalen, vom Schelztor wegführenden Balken in luftiger Höhe

**So geht's zum
Himmelsstürmer:**

Der Himmelsstürmer balanciert auf einem Balken, der vom Schelztorturm wegführt. Der Schelztorturm steht in der Schelztorstraße 2.

balanciert, hat schon so manchem Spaziergänger einen gehörigen Schrecken eingejagt. Vor allem von weiter weg wirkt die Aluminiumfigur wie ein echter Mensch. Der Erleichterung über die Tatsache, dass sich hier keiner in Lebensgefahr befindet, folgt dann recht schnell die Frage: Was hat die Figur dort oben zu suchen? Weshalb balanciert sie da? Was soll damit zum Ausdruck gebracht werden? Überlegungen gibt es hierzu viele. „Himmelsstürmer" nennen ihn die einen, weil er ja gen Himmel stürmt, andere halten ihn für Till Eulenspiegel und wieder andere sind gar der festen Ansicht, er sei falsch herum angebracht worden. Weil es nämlich in Heilbronn auch eine solche Figur gibt, die jedoch auf den Turm zuläuft und dort ankommt. Der Esslinger Himmelsstürmer hingegen geht vom Turm weg. Die Figur, so lautet eine der Varianten, die in Esslingen kursieren (die nämlich, die davon ausgeht, der Himmelsstürmer sei falsch herum angebracht worden), stelle jemanden dar, der seinem Leibherrn entkam. Sein Ziel: den Turm zu erreichen und durch ihn hindurch hinab in die Freiheit zu steigen. Dass der Künstler die Esslinger Figur auch noch „.... angekommen ..." genannt hat, bestärkt diese Vermutung.

Die Antwort auf die Frage, was denn nun stimmt, kann wohl nur der Künstler selbst geben: Hubertus von der Goltz, wohnhaft in Berlin, schmunzelt, wenn man ihn mit all den Geschichten konfrontiert, die sich um „seine" balancierende Figur spinnen. „Die Leute suchen sich ihre Namen, aber all diese Namen und Ideen sind der Fantasie der Esslinger entsprungen", stellt er klar. „Falschrum montiert ist hier nichts." Dass die Figur aber tatsächlich etwas mit Ankommen zu tun hat, bestätigt schon der Titel, den der Künstler selbst der Figur gab. „Der Verein ‚Künstlergilde', der 1948 in Esslingen von vertriebenen Künstlern aus dem Osten gegründet wurde, hat die Installation 1989 zur ‚Esslinger Begegnung' veranlasst", sagt von der Goltz. Bei der „Esslinger Begegnung" träfen sich jährlich Heimatvertriebene, die in Esslingen und Umgebung ein neues Zuhause gefunden haben, und Einheimische. 1990 kaufte die Stadt das Kunstwerk. Mit seiner balancierenden Figur will der Künstler zeigen: „Man muss sich auf sich selbst konzentrieren und besinnen, wenn man fremdes Terrain erkundet." Und der Balken, auf dem die Figur balanciert, sei gleichermaßen wie ein Pfeil von weit weg, der den Turm durchbohrt hat. Dieses „Ankommen" habe „eine ziemliche Wucht" und bedeute eine Umstellung für die Heimatvertriebenen wie auch für die Einheimischen, die sie in ihrer Heimat aufnehmen. Eine solche Neuorientierung im Leben gleiche einem Balanceakt, „und man muss sehr vorsichtig sein und bei sich selbst bleiben, wenn man nicht abstürzen will."

Also eigentlich ziemlich gegenteilig zu dem, was man dem Esslinger Himmelsstürmer nachsagt. Weder stürmt Goltz' Figur den Himmel, frei, wild und ungezügelt, noch ist sie zu Scherzen aufgelegt wie Till Eulenspiegel. Und sie flieht auch nicht in die Freiheit, wie ein Leibeigener das getan hätte. Nein, der in Esslingen so genannte Himmelsstürmer stellt jemanden dar, der seiner Heimat beraubt wurde und sich damit unfreiwillig in der unschönsten Form der Freiheit befindet: dem Verlorensein. Und der nun auf seinem neuen Heimatboden ganz vorsichtig die ersten Schritte geht. Nein, nicht auf seinem Heimatboden, sondern viele Meter über der neuen Heimat. So wie Flugreisende aus der Vogelperspektive einen Blick auf die Stadt werfen, in der sie bald landen werden. Sie allerdings kommen ziemlich sicher dort an, wenn der Pilot seinen Job beherrscht. Heimatvertriebene haben es da schwerer. Sie haben keinen Piloten, der für sie landet. Sie müssen sich selbst aktiv darum bemühen. Keine leichte Aufgabe. Und ein Balanceakt. Hubertus von der Goltz hätte das nicht besser zum Ausdruck bringen können als mit seiner kleinen Aluminiumfigur, die hoch oben über ihrer neuen Heimat balanciert. Auf einem Balken, abgekoppelt von dem, was der Heimatboden ist. Noch.

03

Der Kunsthistoriker Dr. Christian Ottersbach kennt die Geschichte des Mannes im Medaillon.

Medaillon

Mit Stuck zum Schweigen gebracht?

Diesem barocken Herrn scheint es prächtig zu gehen: Sein Konterfei, hübsch eingebracht in ein Medaillon, das von einem gut genährten Engel gehalten wird, prangt über der Eingangstüre zum „LolaS", Café und Bar. Es zeigt den Herrn mit schicker Perücke, und das Füllhorn, das rechts von ihm dargestellt ist, quillt über von Früchten und Blumen. „Das ist ein Zeichen des Wohlstands und des Glücks", erklärt Kunsthistoriker Dr. Christian Ottersbach. Wer aber ist dieser reiche und glückliche Mensch? „Das ist Dr. Johann Friedrich Bilger, Stadtphysicus, also Amtsarzt, in Esslingen", stellt Ottersbach vor. Und er, Bilger, sitzt quasi stolz am Eingang dessen, was geschaffen wurde, als er noch Hausherr war: die prachtvollen Stuckarbeiten im Gastraum des „LolaS", sehr wahrscheinlich ausgeführt Anfang des 18. Jahrhunderts von den Italienern Pietro Francesco Appiani und Giovanni Niccolò Perti. So schön der Gastraum ist – es wäre nichts Besonderes, dass ein Eigentümer seine Räumlichkeiten derart kunstvoll gestalten lässt. Doch, so vermutet Christian Ottersbach, zahlte Bilger die prachtvolle Decke gar nicht selbst, sondern es handelte sich – sagen wir es mal provokant – um Bestechung! Die Geschichte muss von vorne erzählt werden, zumal auch noch ein bayerischer Herzog dabei eine Rolle spielt.

„Ludwig der Strenge (1229–1294) musste im 13. Jahrhundert ein Kloster bauen – als Sühneleistung", sagt Christian Ottersbach. „Denn der gute Mann hat seine Frau ohne jeden Grund und ohne sie wenigstens anzuhören, wegen angeblichen Ehebruches köpfen lassen." Die Gattin hatte einen Briefwechsel mit einem Ritter unterhalten, der aber, anders als vom Gatten gemutmaßt, rein freundschaftlichen Charakters war. „Der Gattinnenmord musste dann auf päpstliche Anordnung durch die Stiftung eines Klosters gesühnt werden", erklärt der Kunsthistoriker. Herzog Ludwig der Strenge baute also ein Kloster, das später zum bedeutendsten Bayerns wurde und – nun wird langsam der Bogen zu Bilger und seinem Füllhorn geschlagen – ab dem 14. Jahrhundert in Esslingen Landbesitz und einen Pfleghof besaß. „Und dieser Pfleghof wurde beim großen Stadtbrand 1701 zerstört", erklärt Ottersbach.

**So geht's zum
Medaillon:**

Das Medaillon befindet sich
über dem inneren Eingang zu
„LolaS", Café und Bar, in der
Heugasse 15. Der Fürstenfelder
Pfleghof steht direkt gegen-
über in der Strohstraße 13.

Was den protestantischen Esslingern nicht ganz unrecht war, hatte
es im Pfleghof doch eine katholische Kapelle gegeben! Als die Mönche die Esslinger während des
Brandes um Löschhilfe baten, soll
ihnen diese deshalb verwehrt worden sein. „Und dann haben die Esslinger angefangen, den Mönchen
beim Wiederaufbau alle möglichen
Steine in den Weg zu legen, denn
sie wollten verhindern, dass diese
katholische Kapelle wiederaufgebaut wird", berichtet Ottersbach. Einer der
schärfsten Gegner des Wiederaufbaus sei eben jener Bilger gewesen, dessen
Konterfei nun den Eingang zum „LolaS" ziert. Er war damals direkter Nachbar des Pfleghofs, sein Haus hatte allerdings beim Brand keinen Schaden
genommen. Verhindert werden konnte der Wiederaufbau freilich nicht, den
von außen so bescheidenen neuen Steinbau gibt es heute noch und er
„entfaltet im Inneren eine unglaubliche barocke Pracht", begeistert sich
Ottersbach. Und nun wird es spannend: Die Pracht ist eine ganz ähnliche,
wie sie im heutigen „LolaS" zu sehen ist, und tatsächlich zeichneten auch
dieselben Stuckateure für sie verantwortlich: Pietro Francesco Appiani und
Giovanni Niccolò Perti. „Die Decke im LolaS ist stilistisch eindeutig diesen
beiden Meistern zuzuschreiben", versichert Ottersbach. „Sie zeigt die Weih-
nachtsszene, also die Anbetung der Hirten." Er vermutet, dass die Mönche
Bilger die Decke „schenkten" und Bilger dafür im Kampf gegen den Wiederaufbau klein beigab.

Ob diese Vermutung richtig ist oder nicht – es wäre eine logische Erklärung,
denn sonst würde die Decke im einstigen Besitz des Pfleghof-Gegners, eindeutig geschaffen von zwei Hofstuckateuren des bayerischen Kurfürsten,
keinen Sinn ergeben. Wieso sollten Hofstuckateure sonst für einen Protestanten arbeiten, der der ärgste Widersacher ihres katholischen Auftraggebers
ist? Wie auch immer es gewesen sein mag, Fakt ist jedenfalls, dass die
Besucher des „LolaS" heute nicht nur in den Genuss eines Gaumen-, sondern
auch eines Augenschmauses kommen. Eine Bestechung mit durchaus ange-
nehmen Folgen für die Nachwelt wäre das dann also.

Gibt Rätsel auf: der Wolf in der Webergasse.

Wolf und Neidkopf
Licht gegen Licht – Tier gegen Tier?

Ein hungrig aussehender Wolf steht wachen Blickes auf einer Konsole am Haus Webergasse 18. Zur Beruhigung der Passanten sei es gleich vorweggenommen: Es handelt sich nicht um ein lebendes Tier, sondern um eine Skulptur. Doch ist der Wolf mit einer Eisenkette angebunden, als fürchtete sein Schöpfer, er könne doch noch lebendig werden und in seinem Hunger nichtsahnende Flanierende anfallen. Ebenso rätselhaft wie der Wolf ist die merkwürdige Fratze, die sich ebenfalls an dem Haus befindet. Theologe Dr. Oliver Schütz weiß, was es mit dem Wolf und der Fratze auf sich hat. „Das alte Prinzip des Aberglaubens ist ja: ‚Gleiches mit Gleichem‘“, erklärt er. „Um den bösen Blick abzuwenden, muss man diesem Bösen also etwas Böses entgegensetzen.“ Zahlreiche Menschen brachten an ihren Häusern im Mittelalter so genannte Neidmasken an,

Der Neidkopf.

bevorzugt über dem Eingang, um ihren Lebensraum vor dem Bösen zu schützen. Meist waren die Masken nach Westen gerichtet, da man davon ausging, dass das Böse aus dem Westen kommt, der Himmelsrichtung des Sonnenuntergangs und damit des Dunkels. Damals, sagt der Theologe, habe man bei Unwetter auch ein „Wetterläuten" veranstaltet: „Mit den Sturmglocken setzte man Donner und Sturm, also sehr lauten Elementen, etwas Lautes entgegen." Er selbst, sagt Schütz, habe in seiner Kindheit noch erlebt, dass bei Gewittern Kerzen gegen den Blitzeinschlag angezündet wurden. Auch hier wieder: Gleiches mit Gleichem. Licht gegen Licht. Und wo bleibt der Wolf? Autor Paul Eberhardt stellt in seinem Buch die Frage, „ob er vielleicht die Erinnerung an irgendeine merkwürdige Begebenheit festhalten soll". Denkbar wäre es. Ging in Esslingen doch zeitweise das Gerücht um, dass die Wölfe bis an die Grenze dieses Hauses kamen. Was aber eigentlich gar nicht möglich war, befand sich das Gebäude doch innerhalb der Stadtmauern.

Vielleicht war der Hausbesitzer ja auch besonders ängstlich und ließ deshalb gewissermaßen einen doppelten Abwehrzauber an seinem Haus anbringen.

So geht's zum Wolf und zum Neidkopf:

Der Wolf und der Neidkopf befinden sich an der zur Wolfgasse gerichteten Ecke des Hauses Webergasse 18.

Das Gitter der Fußbodenheizung.

Gitter im Fußboden

Die Keimzelle Esslingens

So unscheinbar es sein mag: Diese Gitter sind äußerst bedeutsam! Gäbe es sie nicht, wüsste man auch nicht, was sich darunter befindet: die Keimzelle Esslingens und der Lieblingsort des Oberbürgermeisters

21

Oberbürgermeister Dr. Jürgen Zieger weiß es zu schätzen, dass er nur aus seinem Fenster schauen muss, um mit der „Keimzelle" Esslingens in Blickkontakt zu treten.

Dr. Jürgen Zieger. Es war anno 1960, als die Esslinger in ihrer Kirche nicht mehr frieren mochten und beschlossen wurde, eine Fußbodenheizung einzubauen. Man begann mit den Bauarbeiten, fand ein Skelett und nach und nach eine ganze Krypta, die gleichermaßen die Keimzelle Esslingens darstellt. „Hier ist Esslingen gegründet worden", sagt Oberbürgermeister Zieger ehrfürchtig. „Wenn man durch diese Cella geht, dann kann man im Erdanschnitt ganze Schichten von Scherben und Knochen und Grundmauern sehen." Es war vor etwa 1300 Jahren, um 700 n. Chr., als ein Alemanne hier die erste Kirche errichtete. 746

schenkte der Eigentümer, der auf den interessanten Namen Hafti, in anderen Quellen auch Hatti, Hatto oder Hetti genannt, hörte, das Kirchlein an Abt Fulrad, der im Dienste des Klosters St. Denis in der Nähe von Paris stand. Der Abt machte aus dem Kirchlein einen Wallfahrtsort, indem er dafür sorgte, dass hier ein Heiliger „in corpore" bestattet wird: der Märtyrer Vitalis. Woher man das weiß? Aus dem Testament des

So geht's zu den Gittern:

Die Gitter befinden sich in den Gängen der Stadtkirche St. Dionys. Führungen durch die Krypta können über das Stadtmarketing gebucht werden. Die Stadtkirche steht am Marktplatz 17.

Abtes Fulrad. Darin steht: „ (...) ebenso die sechste Zelle, wo der hl. Vitalis ruht, über dem Neckar-Fluß, die Hafti mir gegeben hat." Da die Zahl der Pilger mehr und mehr anstieg, musste Mitte des neunten Jahrhunderts ein Neubau der Kirche erfolgen, eine einschiffige Saalkirche war das nun, der heilige Vitalis wurde in die Krypta der neuen Kirche umgebettet. 1213 fiel die Kirche an das Domkapitel von Speyer (siehe Geheimnis 14) und ab 1220 begann man mit einem gewaltigen Neubau, der heute noch besteht. Hätte Hafti damals also nicht das Kirchlein gebaut und später an den Abt verschenkt und hätte dieser den Heiligen hier nicht bestatten lassen, wäre Esslingen nie zum Wallfahrtsort geworden. Und vielleicht hätte die ganze folgende Entwicklung dann anders ausgesehen, denn ein Ereignis zieht das nächste nach sich. „Wenn ich hier bin, dann kann ich die Geschichte der Stadt spüren, dann erdet mich das mit der Stadt", sagt Jürgen Zieger. Hierher kommt er, wenn er seine Akkus wieder aufladen muss, weit hat er es nicht, nur 50 Meter ist sein Amtszimmer entfernt. Diese Momente der Stille inmitten des politischen und hektischen Tagesgeschäfts sind für ihn wichtig. Und es ist ihm wichtig, an diesen geschichtsträchtigen Ort einzukehren, denn: „Grundthema für mich als Oberbürgermeister ist, diese beiden Felder – die Geschichte, die mittelalterliche Stadt, mit dem Industriestandort und einer Gesellschaft des 21. Jahrhunderts – zu verbinden, zu bespielen." Und was würde sich dafür besser eignen, als der rasanten politischen Welt dann und wann ein paar Minuten den Rücken zu kehren und in der „Cella" dem Ursprung Esslingens nachzuspüren?

Der Engel des Kaisheimer
Pfleghofs, der seine
Bewohner schützt.

Engel
Eine explosive Gründung

Dieser Engel, der die Wappen des Kaisheimer Pfleghofs und des im 16. Jahrhundert dort wirkenden Abtes Conrad Reuter trägt, scheint ein Schutzengel zu sein. Er schützte zunächst die Pfleger und Mönche des Kaisheimer Pfleghofs und dann die wenigen Katholiken, die nach der Reformation in Esslingen geblieben waren und die Möglichkeit hatten, in der Kaisheimer Kapelle ihrem Glauben nachzugehen – zumindest, bis die Kapelle im Jahre 1816 zum Abriss verkauft wurde. Auch über jemand anderen hielt der Engel, der an der Kelter des Kaisheimer Pfleghofs angebracht ist, schützend seine Hand – oder brachte zumindest seinem Unternehmen Glück: über den Begründer der ältesten Sektkellerei Deutschlands, Georg Christian von Kessler (1787–1842), der in den altehrwürdigen Mauern mit der Produktion von „moussierendem Wein", sprich: Sekt, begann. Dieser Sekt wird in Esslingen mit Begeisterung und Stolz konsumiert, denn welchen Sekt tränke man in der Neckarstadt, wenn nicht Kessler Sekt! In den Cafés und Restaurants preisen die Gastronomen das perlende Getränk mit stolzem Unterton an: Sie empfehlen dann nicht Kessler Sekt, sondern *Kessler* Sekt.

Doch von vorne: Im Jahr 1826 gründete Kessler in der Kelter des Kaisheimer Pfleghofs die Firma „G. C. Kessler & Compagnie". Noch heute befindet sich dort das Grundweinlager. „Und das", kommentiert Eberhard Kaiser, verantwortlich für die Kommunikation bei Kessler Sekt, „ist schon was Besonderes. Die meisten Traditionsunternehmen sind nicht mehr an ihrem ursprünglichen Standort, sondern im Laufe der Geschichte in moderne Produktionsgebäude umgezogen." Erweitert hat sich die Kellerei im Laufe der Jahrzehnte aber schon: Die Produktion befindet sich im Speyrer Pfleghof, in Esslingen-Zell sind das Logistik-Zentrum und das Reifelager angesiedelt. „Ich glaube, dass die Verbindung zwischen unserer über 180-jährigen Tradition und unserem Auftritt als modernes, unkonventionelles Unternehmen die Attraktivität der Marke Kessler ausmacht", meint Kaiser.

So geht's zum Engel:

Der Engel befindet sich am Kaisheimer Pfleghof, Burgsteige 2/Ecke Augustinerstraße.

Als Georg Christian von Kessler im Jahre 1826 nach Esslingen kam, waren die Bedingungen, hier eine Sektkellerei zu errichten, denkbar ungünstig. „Die Infrastruktur war noch nicht weit entwickelt, es gab keine Eisenbahnverbindungen, die Anlieferung des Weines war ein schwieriges Thema", erzählt Kaiser. Denn Kessler und seine Nachfolger kauften für die Herstellung des Sekts bereits damals Weine aus dem Badischen, der Pfalz, Rheinhessen und der Saar. „Kessler hat nie nur Sekt aus Weinen der Region gemacht, sondern von Anfang an überregional nach den besten Qualitäten gesucht. Auch über die Landesgrenzen hinaus", erklärt Kaiser.

Warum Georg Christian von Kessler trotz der widrigen Umstände ausgerechnet Esslingen für die Gründung seiner Kellerei auswählte? „Er gründete hier zunächst eine Tuch- und Wollmanufaktur, die Sektkellerei war erst der zweite Schritt", sagt der Marketingchef. „Und für eine Tuch- und Wollmanufaktur waren die Voraussetzungen natürlich gut." Schließlich verfügte Esslingen über bestens ausgebildete Arbeitskräfte sowie über zahlreiche Kanäle und damit über Wasserkraft. Doch Kesslers Berufung war die Sektherstellung und dort hinein legte er bald schon seine ganze Energie. 1827 erhielt er aus den Händen von König Wilhelm I. (1781–1864) die Verdienstmedaille für die Förderung des Qualitätsweinbaus in Württemberg. Und 1831 begann er mit dem Export seiner Produkte in die Vereinigten Staaten, nach England und nach Russland. Ein Jahr später weitete er sein Unternehmen auch räumlich aus und erwarb Teile des Speyrer Pfleghofs, den die Firma bis ins Jahr 1866 zur Gänze übernehmen sollte. Und zwar samt der umliegenden Bürger- und Zunfthäuser. Übrigens war das Abfüllen gar nicht so einfach, weshalb die Mitarbeiter Schutzanzüge tragen mussten: „Es gab noch nicht wie heute drucksichere Flaschen, die mussten erst entwickelt werden, die Explosionsquoten in der Branche allgemein lagen in den Pioniertagen bei 30 bis 50 Prozent", sagt Kaiser beeindruckt, als er von den technischen Herausforderungen erzählt, mit denen die Kessler-Mitarbeiter seinerzeit zu kämpfen hatten.

So wach und erfinderisch sein Geist war: Georg Christian von Kesslers Körper versagte ihm früh den Dienst. Schon 1835 hatte der Schwerkranke seinen Geschäftspartner und Freund Carl Weiss in die Firma geholt, der sie nach seinem Tod nach seinen Prinzipien weiterführte, Kesslers Kinder waren zu jener Zeit allesamt noch minderjährig. 170 Jahre lenkten Mitglieder der Familie Weiss die Geschicke von Kessler Sekt. 2005 wurde die Kellerei von dem Esslinger Betriebswirt Christopher Baur und einem neuen Gesellschafterkreis übernommen. Doch ist, wie Eberhard Kaiser findet, der Geist Georg Christian von Kesslers immer noch spürbar. Wenn man sich dem wandelnden Geschmack der Zeit auch nach und nach anpassen musste: „Der Sekt des 19. Jahrhunderts hat mit dem, was wir heute kennen, wenig zu tun", sagt Eberhard Kaiser. „Heute sind die meisten Sekte von Kessler *brut* oder *extra brut*, haben also weniger als 15 Gramm Zucker je Liter. Früher war Schaumwein sehr viel süßer. Unterwasserarchäologen haben vor ein paar Jahren alte Champagnerflaschen auf dem Grund der Ostsee gefunden, die 180 Gramm Zucker je Liter aufwiesen." Kessler setzte hingegen früh auf trockenere Qualitäten und legte damit den Grundstein für den heutigen Stil der Produkte. Bereits 1833 schrieb Herzog Heinrich Friedrich Karl von Württemberg (1772–1838) an Kessler: „Ich habe nun die drey Gattungen Ihres muszierendes Weines geprüft. (...) Dieser Wein ist angenehm, nicht zu stark und dabey am wenigsten Süß – lauter Eigenschaften, die meinen Geschmack entsprechen."

Der kleine Engel jedenfalls hat all den Wandel in dem Haus, das er beschützt, durch die Jahrhunderte unbeschadet überstanden. Und vielleicht sitzt das Original dieses Engels ja, mit einem Glas Kessler Sekt in der Hand, im Himmel neben Georg Christian von Kessler auf einer Wolke und betrachtet wohlwollend, wie sich die Sektkellerei seit 1826 entwickelt hat.

Die merkwürdige Holzplatte.

Holzplatte

Keine neugierigen Katholiken

Da kann man noch so lange davorstehen und grübeln: Eine logische Antwort auf die spannende Frage, warum in der schönen Steinmauer eine schlichte Holzplatte hängt, findet sich nicht. Das Esslinger Urgestein Heidi Gassmann kann Licht ins Dunkel bringen: „Das ist nur ein Guckloch", sagt sie leichthin. Ein Guckloch für was? Standen hier etwa nach der Reformation die übrig gebliebenen Katholiken und beobachteten misstrauisch den Gottesdienst der Evangelischen? Mitnichten! Das „Guckloch" ist viel älter als die Reformation, die 1531 in Esslingen tobte, und stammt vermutlich aus dem 14. Jahrhundert. Und man kann auch nicht in das Gotteshaus hineinschauen, sondern blickt auf ein wunderschönes, mit Ornamenten verziertes Prachtportal.

Um die rätselhafte Geschichte bis hierhin einmal zusammenzufassen: Da gibt es also ein mit einer Holzplatte verschlossenes „Guckloch" in einer Mauer, durch das man auf ein verborgenes Portal blicken kann. Doch was hat es mit diesem Portal auf sich? „Diese Mauer, auf die man schauen kann und zu der das Portal gehört, ist sehr bedeutsam, weil es eine ältere Mauer der Stadtkirche ist", sagt Gassmann. Und warum baut man so ein wunderbares Portal zu? Das hängt nun wieder mit der Erweiterung und der Turmaufstockung zusammen. Der Chor wurde nach 1300

Die Platte gibt Rätsel auf.

29

So geht's zum Guckloch:

Die Holzplatte ist beim Nordturm an der Nordwand der Stadtkirche St. Dionys angebracht. Die Kirche steht am Marktplatz 17.

erhöht. Und deshalb mussten dann auch die Türme ein paar Meter weiter in Richtung Himmel gebaut werden. Um sie nachträglich zu stabilisieren, wurden sie mit Strebepfeilern und starken Wandverkleidungen gesichert, die nun das Portal verdeckten. Die Pfeiler wurden durch die neue heutige Außenmauer verborgen. „Und damit man zumindest die Möglichkeit hat, das alte Portal noch zu sehen, wurde das Guckloch geschaffen", sagt Heidi Gassmann. Mit den Katholiken hatte das nichts zu tun. Die Bewunderung des alten Portals ist gewissermaßen konfessionslos.

Monika Kusterer pausiert auf einer der Ruhebänke.

Ruhebänke

Die Sehnsucht nach der Blauen Blume

Wer gerne in Esslingen und Umgebung wandert, hat sich vielleicht schon einmal über die seltsamen Steinkonstruktionen gewundert, die immer wieder in der Landschaft auftauchen und die ganz entfernt an die Steinkreise von „Stonehenge" erinnern. Doch bei den Esslinger Steinen handelt es sich keineswegs um eine Nachbildung von Stonehenge im englischen Wiltshire. Vielmehr dienten die Steine einst zur Entlastung der fleißigen Esslinger Winzer und Bauern. Denn die Hanglage, die sich rings um Esslingen erstreckt, war im Mittelalter eines der beliebtesten Anbaugebiete. Die Steinkonstruktionen nannte man Ruhe- oder „Gruababänke". „Das ist schwäbisch und bedeutet so viel wie: sich hinsetzen und ein bisschen dösen", erzählt Monika Kusterer. Die Ingenieurin hat vor vielen Jahren den Weinbautechniker Hans Kusterer kennengelernt. Seither liebt sie nicht nur ihn, sondern auch den Weinbau, der, wie sie sagt, überall vorkommt: in den Religionen, in den Kulturen und in der Kunst.

„Früher hat man die Ware, die man verkauft hat, in einem großen Korb, den man auf dem Kopf trug, zum Markt gebracht", erklärt sie. „Weil das aber oft ein langer Weg war und die Leute sich zwischendrin immer mal wieder ausruhen mussten, hat man diese Ruhebänke gebaut." Und damit die Bäuerinnen ihre Körbe, wenn sie sie auf dem Kopf trugen, nicht auf den Boden stellen und sie danach mit großem Kraftaufwand wieder hochheben mussten, wurde in der Mitte der Ruhebank auf Kopfhöhe eine Erhebung errichtet, auf der die Frauen den Korb bequem abstellen konnten.

Für die Winzer und ihre Butten war die niedrigere Abstellstufe gedacht. Die Butte ist ein hölzernes Gestell, das mit zwei Riemen auf den Rücken geschnallt wird. Wenn sich die Winzer setzten, stand der Korb auf der niedrigeren Stufe auf, was Entlastung bot. Im Herbst trugen sie die reifen Trauben mit ihrer Butte auf dem Rücken in eines der 42 Kelterhäuser in die Stadt hinab. Die Tradition hat sich erhalten: „Wir transportieren heute noch die Trauben aus den Terrassenweinbergen mit Butten. Das ist ein ziemlicher Kraftakt, denn so eine Butte wiegt, wenn sie voll ist, schnell mal 40 Kilo", sagt die Winzerin, die, genauso wie ihr Mann, eigentlich mehr ist als das: „Wir sind Oenologen. Oenologie, das bedeutet, das Wissen vom Wein und beinhaltet die Berufe Winzer, Kellermeister und noch vieles mehr. Und Kundenpflege muss man ja auch noch betreiben."

Weinliebhaber gibt es viele. Winzer auch. Hans Kusterer ist mehr als ein Liebhaber, er ist ein regelrechter Fanatiker und „immer auf der Suche nach der Blauen Blume", wie seine Frau die ideale Vorstellung eines perfekten Weines bezeichnet. Der Weinanbau ist immer noch harte Arbeit – weil in den Terrassenweinbergen keinerlei Technik eingesetzt werden kann. Ganz so hart wie ihre Vorfahren haben es die Kusterers aber nicht mehr. Und dann und wann legen die beiden auch mal eine Ruhepause auf einer der Bänke ein, auf denen von alters her Weinbauern neue Kraft tankten. Dann lassen sie ihre Blicke über Esslingen schweifen und denken an ihre Vorfahren – zum Beispiel an den Großvater Ernst Kusterer, der seinen ersten Weinberg direkt gegenüber der Ruhebank hatte.

So geht's zur Ruhebank:

Eine besonders schöne Ruhebank findet man, wenn man an der Frauenkirche vorbei den Neckarhaldenweg Richtung Esslingen-Mettingen an den Weinbergen entlanggeht.

Gut versteckt überstand dieses
Wandgemälde den Bildersturm.

Versteck

Den Sturm im Dunkeln überstanden

Inmitten der Vertäfelung des Chorgestühls in der Frauenkirche verbirgt
sich ein Geheimnis. Dort befindet sich nämlich auf der Nordseite – man
muss schon sehr genau hinsehen, um das zu erkennen, eine Klappe.

Kaum einer ahnt, was sich hinter dieser Täfelung verbirgt.

Öffnet man sie, steht man vor einem wunderbaren Wandgemälde, das um 1345 entstanden ist. Es stellt die Sterbeszene des heiligen Alexius dar, was man daran erkennen kann, dass er ein Papier in der Hand hält, auf dem sein Name zu lesen ist. Einer Legende zufolge floh Alexius, einziger Sohn eines reichen römischen Senators, am Abend seines Hochzeitstages vor seiner Familie und lebte fortan 17 Jahre lang als Bettler am Eingang einer Kirche im damals syrischen Edessa. Der Küster soll ihn dann als Heiligen erkannt haben, und von Alexius heißt es, er sei vor der Verehrung zurück nach Rom und in sein Elternhaus geflohen. Sein Vater erkannte ihn nicht – „ganz entstellt durch die Kleidung und strenge Lebensweise" – wie es in der Goldenen Legende heißt, ließ ihn aber unter der Treppe leben, wo er sich von Küchenabfällen ernähren durfte. Alexius ertrug weitere 17 Jahre die Beschimpfungen und Schmähworte der Diener und auch die unsagbare Trauer seiner Eltern um den verlorenen Sohn. Erst als er im Sterben lag, gab er sich in einem Brief zu erkennen, den er in seinen Händen hielt, als er am 17. Juli 417 friedvoll entschlief. Die Legende sagt, dass nur Kaiser Honorius – einer anderen Version nach war es der Papst – den Brief aus der Hand des Verstorbenen lösen konnte. Den Toten zu berühren, sagt man, hatte eine heilende Wirkung, heute gilt Alexius als Schutzpatron der Pilger, Bettler und Kranken.

So geht's zur Klappe:

Das Versteck befindet sich in der Vertäfelung hinter dem Chorgestühl auf der Nordseite der Frauenkirche. Die Frauenkirche steht in der Unteren Beutau 7.

Nur weil das berührende Gemälde so versteckt hinter der Wandvertäfelung sitzt, hat es den Bildersturm, der nach der Reformation vom 3. bis 10. Januar 1532 in Esslingen tobte, überstanden. Die Esslinger hatten sich am Reformator Huldrych Zwingli (1484–1531) orientiert, der sich strikt gegen christliche Bildnisse aussprach. Der bekannte Reformator Ambrosius Blarer (1492–1564) selbst kümmerte sich darum, dass in Esslingen kein Bild und keine Skulptur mehr an ihrem Platz blieb. So gründlich ging er dabei vor, dass den Esslingern Zweifel kamen: „… Man sagt abermals wunderbarlich Ding, wie die Kirchen zu Eßlingen, so mit grosser Unsinnigkeit beraubt worden, deßgleichen an keinem Ort nit geschehen." Nur die kleine Nische in der Frauenkirche, die wurde nicht beraubt. Was das Bild damals schützte, führt heute dazu, dass es kaum jemand kennt. Doch wer es entdeckt, der kann sich seinem Zauber nur schwer entziehen.

So schön der Adler am Neckarhaldentor aussieht: Eingebrannt in die Wangen einer jungen Frau dürfte er eher hässlich ausgesehen haben.

Stadtwappen
Anna mit den gebrandmarkten Wangen

Auf Dolendeckeln, an öffentlichen Gebäuden, am Wolfstor, am Neckarhaldentor, als Krönung der Rathausuhr: Der Adler ist in der Stadt allgegenwärtig. Warum, das ist kein Geheimnis – es handelt sich um das Wappen Esslingens. Was aber hatte das Wappen einst auf den Wangen der Anna Ulmerin zu suchen? Grausam eingebrannt in die rosige Haut?

Alles begann mit einem Blähbauch. Anna Ulmerin, 18 Jahre alt und Tochter eines Weingärtners, erschrak im Jahre 1545 derart über den Anblick eines Jungen, den sie am „hinfallenden Siechtag" am Wegesrand liegen sah, dass sie vor Kummer erkrankte und einen Blähbauch bekam, der drei bis vier Jahre nicht weichen wollte. Das freilich erregte Aufmerksamkeit, Anna wurde zum Wunder, jeder wollte sie sehen. Das arme Mädchen war zunächst überhaupt nicht glücklich über seinen Bauch, der die zarte Figur verunzierte. Auch eine Diät aus „apodeckischer labung" half da nichts. Und manch einer war gar der Ansicht, Anna trüge ein Tier in diesem Bauch, der immer und immer wieder Geräusche von sich gab. Die junge Frau musste sich in ihr Schicksal fügen. Zumal ihre Mutter Margarethe hingerissen war: Aus Mitleid und auch weil man Anna fast wie eine Heilige zu verehren begann und sich ihren Segen erhoffte, brachte man der „gut Junckfraw mit dem großen bauch" jede Menge Geschenke, so „ist ir gross hab und gutt geschenktt wordenn von king und kaisser, fyrstenn und hernn", wie Chronist Dionysius Dreytwein schreibt. Annas Mutter hat es sich also einige Jahre lang dank des dicken Bauchs ihrer Tochter so richtig gut gehen lassen können. Umso enttäuschter war sie, als der Bauch ihrer Anna sich zu verkleinern begann. Mama Margarethe wollte sich nicht in ihr Schicksal fügen und brachte den Bauch ihrer Tochter auf andere Weise in die bestaunte runde Form, genauer: mit „lompenn, flax, gernne, haubenn, alltte schyrtz, wischtuch, hassennbelg, katzenbelg, kuyeblatternn, vells von den jungenn kindern darin sie geborenn

Das Stadtwappen auf einem Dolendeckel.

werdenn", wie Dreytwein später festhielt. Der Plan der habgierigen Mutter ging – zunächst – auf, immer noch kamen die Menschen, die Anna sehen wollten, in Scharen und mit Geschenken. Ein Ulmer Chronist schrieb später, dass „ain gantz land geäfft, beschissen vnd betrogen" wurde. Und dann, im Frühjahr 1550, sollte der Anna eine Holzstatue „zu gedechtnus gesetzt" werden. Bevor man den Auftrag erteilte, wurde aber eine Delegation von Ärzten damit beauftragt, Annas Bauch zu untersuchen. Und da stellte man fest, dass die runde Kugel keineswegs echt, sondern ein Gebilde aus „küssin und alt lumpen" sei, wie der Theologe und Reformator Valentin Vannius vermerkte.

Die ganze Familie wurde, mit den Dienstboten, gefangen genommen. Margarethe Ulmer band man im Jahre 1551 auf einen Wagen, auf dem sie vor dem Rathaus einräumte, ihre Tochter zu dem falschen Spiel gezwungen zu haben. Die Ulmerin gestand, mit dem Teufel im Bunde gewesen zu sein. Man brachte sie zurück zu ihrem Haus und verbrannte sie samt ihrem Gebäude.

Annas Vater Hans und auch das Gesinde konnte man nicht der Mitwisserschaft überführen, sie wurden freigelassen. Und Anna? Sie wurde an den Pranger gestellt und hier brannte man ihr das Stadtwappen in beide Wangen. Anschließend wurde sie im Turm inhaftiert, „in ewige fencknus und verwarnung, da sie weder son noch mon bescheint". Vier Jahre später wurde sie begnadigt und ins Armenhaus gebracht. Dort machte sie aber nur für wenige Jahre Station, denn sie wurde vom „Warzenvatter", das war wohl ein an Syphilis erkrankter Mann, geschwängert. Im Ratsprotokoll der Stadt Esslingen heißt es dazu am 3. Juli 1564 trocken: „Die Ulmer Anna kumpt wider einmal ins buoch; ligt vff dem thurn uß Ursach daß sie ir hat laßen ein khünd anhenckhen."

Das Leben der Anna Ulmerin und ihres kleinen Kindleins fand ein tragisches Ende. Im Blutbuch ist ihr Tod vom 29. November 1564 festgehalten: „Dasselb uff dem thurn an die wellt gepracht ist ein kneblein gewest; ist daz khind 29 Novembris und volgendts sie uff dem thurn gestorben, hatt vül schmerzen erlitten."

> **So geht's zum Stadtwappen:**
>
> Stadtwappen finden sich in Esslingen in der ganzen Stadt, besonders schöne gibt es an den noch erhaltenen Stadttoren, beispielsweise dem Neckarhaldentor auf dem Neckarhaldenweg, dem Wolfstor in der Küferstraße (Richtung Obertorstraße) und dem Pliensauturm auf der Pliensaubrücke.

Die Esslinger Rathausuhr. Gekrönt vom Reichsadler – dem Wappentier Esslingens – und bewacht von den beiden Tugendgestalten Justitia und Temperantia.

Rathausuhr
Selten den Feierabend eingeläutet

Die Uhr am alten Rathaus entzückt heute viele Gemüter. Wegen ihres Glockenspiels und auch wegen ihrer Schönheit und dem prachtvollen Renaissancegiebel, der ihr einen würdigen Rahmen gibt. Doch kaum einer weiß, dass die Rathausuhr nicht nur schön und unterhaltsam, sondern auch noch sehr bedeutsam ist. Und dass unter der Rathauskuppel sogar zwei Uhren ticken: eine der ältesten Turmuhren Deutschlands mit astronomischem Getriebe, die noch weitgehend in originalem Zustand ist, und ein Stockwerk tiefer eines der modernsten und präzisesten Astrolabien der Welt. Matthias Walz, Ingenieur bei Festo, ist einer, der jedes Rädchen an den Uhren kennt – und die Details ihrer überaus spannenden Geschichten und Geheimnisse.

1581 war der Esslinger Uhrmacher Max Schwarz beauftragt worden, ein Uhrwerk zu bauen. Schwarz verstarb vor der Fertigstellung und so wurde ihm nicht das Glück zuteil, sein Werk hoch oben am Rathaus ticken zu hören. Es war sein Nachfolger Jakob Diem, der die Uhr fertigstellte. Während das untere Zifferblatt die Zeit anzeigt, präsentiert die astronomische Uhr darüber den jährlichen Weg der Sonne durch den Tierkreis sowie den Stand des Mondes. Anhand des dritten Zeigers, des Drachenzeigers, können Sonnen- und Mondfinsternisse abgelesen werden. Besonders unterhaltsam waren wohl auch schon damals die allegorischen Planetengötter, die sich als Patrone der Wochentage jeden Tag abwechselten. Die Herren der Schöpfung dürften besonders freitags verzückte Blicke nach oben geworfen haben, wenn die schöne, kleiderlose Venus erschien. So hätte es wohl viele hundert Jahre gehen können, wenn das Uhrwerk nicht bei einer Generalsanierung im Jahre 1988 plötzlich verschwunden und durch ein elektrisches Werk ersetzt worden wäre. Wie das?

„Zuerst stand die Uhr noch im Weg, dann hat man sie irgendwo eingelagert und mit der Zeit wusste keiner mehr, wo sich das Werk befand",

Matthias Walz am Uhrwerk.

schildert Walz den Weg in die Vergessenheit. Der Esslinger Bürger Peter Köhle hingegen konnte die Uhr nicht vergessen und machte sich auf die Suche. Zunächst vergebens. Wie das in solchen Fällen oft so ist, wusste niemand vom Verbleib des Uhrwerks und keiner fühlte sich zuständig. Bis Köhle im Juli 2003 schließlich einen entscheidenden Hinweis bekam und im Keller des Liegenschaftsamtes tatsächlich fündig wurde: Die Metallteile lagen zugeschnürt in Plastiksäcken und rosteten vor sich hin. Peter Köhle fackelte nicht lange und gründete mit dem ehemaligen Entwicklungschef der Firma Festo, Professor Hans Scheurenbrand, einen Verein, der sich um die Erhaltung und Ertüchtigung der historischen Uhr bemühen sollte. „Durch Herrn Scheurenbrand kam ich auch zu der ganzen Geschichte, denn er war mein erster Chef bei Festo", sagt Matthias Walz. Und dann ging es ans Werk: Gemeinsam wurden die unzähligen Zahnräder, Kurbelwellen und Eisenstangen zu einem Uhrwerk zusammengesetzt und das gute Stück wieder an seinem originären Platz angebracht. Einen entscheidenden Unterschied gibt es allerdings zu früher: Der Turmwächter, der die Gewichte der Uhr einst aufzuziehen und die Uhr von Zeit zu Zeit zu stellen hatte, wurde nun durch starke Elektromotoren und einen Korrekturmechanismus ersetzt, so dass die Uhr immer richtig geht und automatisch zwischen Sommer- und Winterzeit hin und her schaltet. So viel zum wechselvollen Schicksal der aus dem 16. Jahrhundert stammenden Rathausuhr.

Doch der Uhrengiebel des Rathauses birgt noch ein weiteres Geheimnis, wenn es von außen auch nicht zu erkennen ist: Ein Stockwerk unter dem alten Uhrwerk tickt eine Uhr aus dem 20. Jahrhundert – und

So geht's zur Rathausuhr:

Die Rathausuhr befindet sich am Giebel des Alten Rathauses, Rathausplatz 1. Das Glockenspiel ertönt täglich um 12, 15, 18 und 19:30 Uhr und zu besonderen Anlässen.

das ist der „Festo Harmonices Mundi Award", eine Kopie der „Festo Harmonices Mundi", die zweigeteilt als Weltzeituhr mit ewigem Kalender und als Astrolabium den technischen Fortschritt der Mechanik und der Astromomie dokumentiert. Das Vorbild des Awards, die Festo Harmonices Mundi, wurde von Professor Scheurenbrand als rein mechanische Umsetzung der scheinbaren Bewegungen der Gestirne innerhalb von zehn Jahren geplant und konstruiert. Und das immer nach Feierabend. Das Astrolabium bildet exakt die scheinbaren Bewegungen des Fixsternhimmels und der Planeten inklusive Sonne und Mond in Esslingen ab. Dabei sind die von dem Naturphilosophen, Mathematiker und Astrologen Johannes Kepler (1571–1630) 1619 publizierten Gesetzmäßigkeiten der Planetenbewegungen ebenso berücksichtigt wie die Erkenntnisse der folgenden 400 Jahre.

Der Ewige Kalender der Weltzeituhr basiert auf der Kalenderreform Papst Gregors XIII. (1502–1585). Doch auch dieser Esslinger Ewige Kalender währt nicht ewig: 4900 wird er eine Ungenauigkeit von einem Tag aufweisen. „Doch das", lacht Matthias Walz, „dürfte Herrn Scheurenbrand dann nicht mehr interessieren."

12

DEN OPFERN 1933-1945

Oliver Schütz vor der Kapelle.

Nikolauskapelle

Jede Menge Nothelfer für die Stadt

Malerisch und auch ein wenig verträumt steht sie da, die Nikolauskapelle an der Inneren Brücke. Besonders wenn die Kastanie blüht, die die Kapelle vom Maille-Park aus regelrecht einhüllt, wirkt das kleine Gotteshaus wie verzaubert. Und wer durch die Tür linst, kann sich an dem wunderschönen Licht erfreuen, das entsteht, wenn die rosafarbenen, sonnenbeschienenen Blüten durch das 1955 von Hans Gottfried von Stockhausen (1920–2010) geschaffene Fenster hineinleuchten. Zwangsläufig führt die Schönheit der Kapelle dazu, dass man sich näher für sie interessiert und sich fragt, warum sie dort eigentlich steht und was es mit ihr auf sich hat. Der Schriftzug über ihrer Tür weist sie als Gedenkstätte für die Menschen aus, die in den Jahren 1933 bis 1945, also im Dritten Reich, Opfer wurden. Aber der Baustil zeigt deutlich, dass das Gebäude schon wesentlich älter ist. „In der Tat", sagt der Theologe Oliver Schütz, „wurde die Kapelle bereits im Jahr 1350 erstmals erwähnt und wahrscheinlich sogar schon um 1250 in einem Guss mit der Brücke erbaut."

Oliver Schütz, begeisterter Stadtführer, weiß auch, warum die Kapelle Nikolauskapelle heißt und in welchem Zusammenhang sie mit anderen Kapellen oder Plätzen der Stadt steht. „Nikolaus", sagt er, „gilt als einer der 14 Nothelfer. Er steht für die Seefahrer, die Reisenden und Kaufleute, Schiffer und Fischer." Deshalb sei es durchaus passend, an dieser Stelle eine dem Nikolaus geweihte Kapelle zu errichten. Denn über die Brücke zogen einst Reisende und Händler und unter ihr floss der Neckar hindurch, auf dem die Schiffer vorankamen (siehe Geheimnis 30). Bei den 14

So geht's zur Nikolauskapelle:

Die Nikolauskapelle befindet sich auf der Inneren Brücke 17. Sie ist auch vom Maille-Park aus gut zu sehen und über Stufen zu erreichen.

Die Zweige der Kastanie wirken vor der Nikolauskapelle sehr malerisch.

Nothelfern handelt es sich um Heilige aus dem zweiten bis vierten Jahrhundert. Katholiken rufen sie als Schutzpatrone an, im evangelischen Glauben werden sie als Vorbilder verehrt.

Oliver Schütz hat nach ihnen in Esslingen gesucht – und auch tatsächlich acht der Nothelfer gefunden. Allen voran Dionysius, Schutzpatron der Stadtkirche und Helfer bei Kopfschmerzen, Gewissensnöten und Seelenleiden. Die heilige Katharina war einst Namenspatronin der nicht mehr vorhandenen Spitalkapelle. Sie gilt als Beschützerin der Mädchen, Jungfrauen und Ehefrauen, der Gelehrten und mehrerer Handwerker. An einer Außenstelle des einstigen Spitalklosters, dort, wo sich heute der Ottilienplatz befindet, machte der Stadtführer den heiligen Ägidius, Schützer der stillenden Mütter und Helfer der Beichte, ausfindig. Den heiligen Leonhard entdeckte er in der Kapelle des Fürstenfelder Pfleghofs, in dem heute rauchende Besucher des dort beheimateten Cafés ihrem Laster frönen. Die Figur des heiligen Christophorus fand er an der Frauenkirche, den heiligen Georg im heutigen Rest der Franziskanerkirche und Blasius, den Patron für Halskrankheiten, auf einem Altar der Jakobskapelle. Blasius und die Jakobskapelle mussten inzwischen einer großen Drogeriekette weichen. Immerhin: Wer Halsschmerzen hat, bekommt, in Form von Salbeibonbons, dort auch Hilfe.

Durchgehend als Kapelle genutzt wurde kaum eines der vielen kleinen Gotteshäuschen – bis auf die Frauenkirche. Die Nikolauskapelle zum Beispiel wurde nach der Reformation profaniert, fortan als Laden und Schlosserwerkstatt und dann, im 19. Jahrhundert, als Werkstatt des Feilenherstellers Dick genutzt (siehe Geheimnis 36). In den Jahren 1876–1880 gönnte ihr der Esslinger Verschönerungsverein eine umfangreiche Restaurierung, seit 1956 ist sie Gedenkstätte für die Opfer des Faschismus und des Zweiten Weltkriegs. Die anderen Kapellen sind entweder abgerissen oder umgenutzt worden: zu Puppentheatern zum Beispiel oder zu Raucherzimmern in Gaststätten. Schütz findet durchaus Parallelen, wie er schmunzelnd erklärt: „Zum katholischen Kultus gehört ja auch der Weihrauch, insofern gibt es da einen gewissen Anknüpfungspunkt", sagt er ironisch. „Und im Gottesdienst wird ja auch Wein gereicht, natürlich mit anderer Absicht und nicht in den Mengen, wie man ihn in der Gaststätte ausschenkt." Übrigens heißt das Gasthaus, das sich in der ehemaligen Kapelle befindet, auch noch „Ad Astra". „Das bedeutet ‚zu den Sternen', also himmelswärts. Und Raucher kommen ja schneller zu den Sternen", kommentiert Schütz bissig. „Es sei denn, sie finden Gnade bei einem der Nothelfer."

Dr. Christian Ottersbach überlegt, ob er den Erbauer des Brunnens, Albert Benz, sympathisch gefunden hätte oder nicht.

Brunnen

Ein grandioser, widerspenstiger Architekt

Ein romantisches Rennaissancegebilde aus dem 16. Jahrhundert!, mag entzückt denken, wer den kunstvoll gearbeiteten Brunnen entdeckt, der sich an einer Hauswand der Sektkellerei Kessler befindet. Und in der Tat entspricht der Brunnen, wie Kunsthistoriker Dr. Christian Ottersbach bestätigt, ziemlich genau dem Baustil des 16. Jahrhunderts. Erbaut wurde er aber Anfang des 20. Jahrhunderts, genauer: 1902 bis 1904. Wie das? Anfang des 20. Jahrhunderts wirkte in Esslingen ein Mann, Albert Benz (1877–1944), den man durchaus als schillernde Persönlichkeit bezeichnen kann. Benz war Stadtarchivar, Kunsthistoriker und – Architekt. Und zwar einer, der die Bauwerke der vorangehenden Jahrhunderte genauestens studierte. So akribisch ging er dabei ans Werk, dass er sie regelrecht verinnerlichte. „Es gibt in Esslingen viele Fassaden, die von Benz restauriert wurden, und vor denen steht der Laie dann und denkt: prachtvolles Barock. Oder: Ein wunderschöner Renaissancebau!", sagt Ottersbach. Und auch an der Sektkellerei Kessler (siehe Geheimnis 6) hat Benz seine Künste spielen lassen. Das betrifft nicht nur den Brunnen: „Das bestehende Fachwerk am Gebäude war ihm wohl zu einfach, und da hat er kurzerhand ein Fachwerk aufgenagelt, das exakt den Stilformen des 16. Jahrhunderts entspricht", erklärt Ottersbach. „Benz ist ein typischer Vertreter des wissenschaftlichen Historismus, der um 1900 Konjunktur hatte."

Als Albert Benz den Brunnen schuf, war seine Welt noch in Ordnung. Das sollte sich schnell ändern: „Er war kein ganz so einfacher Mensch. Er war ein bisschen widerborstig und widerspenstig, wie halt so mancher Schwabe ist", charakterisiert Christian Ottersbach den Architekten schmunzelnd. Das Stadtarchiv musste er verlassen, weil er angeblich Akten, von denen sich nicht trennen konnte, mit nach Hause genommen hatte. Und dann ging seine Baufirma Konkurs, weil sich ein Riss in einem Gebäude aufgetan hatte. „Er hat die Villen vor dem Eisberg gebaut und dann hieß es, es gebe statische Probleme und es drohe ein

So geht's zum Brunnen:

Der Brunnen befindet sich am Speyrer Pfleghof, Georg-Christian-von-Kessler-Platz 21 bis 23.

Hangrutsch." Die Häuser, merkt Ottersbach an, stünden noch heute, und deshalb seien das „vielleicht einfach böswillige Gerüchte gewesen". Denn Benz sagte es, wenn ihm etwas nicht passte. Auch noch ein paar Jahrzehnte später: Nachdem er vor seinen Gläubigern geflohen war, in China an den Planungen für ein Parlamentsgebäude – das letztendlich nie realisiert wurde – mitgewirkt, an der chinesischen Reichsuniversität gelehrt und später in Amerika eine Baufirma gegründet hatte, kehrte er nach Deutschland zurück und hielt sich später in Prag auf. Er prangerte den Nationalsozialismus öffentlich an und wurde am 4. April 1944 ins KZ Sachsenhausen deportiert. „In den Einlieferungsakten heißt es, ‚wegen Beleidigung der NSDAP'", weiß Ottersbach. Jahrelang galt Benz danach als verschollen, erst 1959 wurde er für tot erklärt. Tatsächlich starb er wohl noch 1944 im KZ Sachsenhausen. Ottersbach: „Ob er an einer Krankheit verstorben ist oder ob er am Ende totgeprügelt worden ist – man weiß es nicht. Jedenfalls ist er dort ums Leben gekommen. Darüber gibt es tatsächlich Akten."

Albert Benz machte den Mund auf. Das kostete ihn das Leben. Der Brunnen in Esslingen setzt ihm ein würdiges Denkmal. Und weil der Brunnen noch dazu vor der Sektkellerei steht, kann ja jeder, dem danach ist, im Geiste ein Gläschen auf diesen mutigen Mann trinken.

Die Stadtführerin Christine Wanner
im Chorgestühl der Stadtkirche.

Chorgestühl
Wie die Speyrer nach Esslingen kamen

Am 21. Juni 1208 wurde der 1177 geborene deutsche König Philipp
von Schwaben vom bayerischen Pfalzgrafen Otto VIII. von Wittelsbach
(1180–1209) erstochen. Der Grund: Seine Verlobung mit einer von Phi-

Das Chorgestühl mit dem Wappen der Speyrer.

lipps Töchtern war gelöst worden. König Philipp wurde im Bamberger Dom beigesetzt. Sein Neffe Friedrich II. (1194–1250) fand, dass sein Onkel im Dom zu Speyer seine letzte Ruhestätte haben müsste, zumal seine Familie dort eine Gruft hatte. Was das alles mit Esslingen zu tun hat? „Quasi als Gegenleistung vermachte Friedrich den Speyrern 1213 die Esslinger Stadtkirche St. Dionys, die damals noch St. Vitalis hieß und sich in seinem Besitz befand", erklärt Stadtführerin Christine Wanner. Mit der Kirche schenkte Friedrich II. den Speyrern auch den Kirchenzehnten, um damit die Pflege für das Grab seines Onkels und das Verlesen der Seelenmessen zu bezahlen. „Sie besaßen somit nicht nur die Kirche, sondern konnten auch den großen Zehnten einziehen." Daran erinnert sowohl der Speyrer Zehnthof, der daraufhin gebaut wurde, als auch das Wappen der Speyrer im Chorgestühl mit dem sehr schönen Relief Marias mit dem Kind auf der Mondsichel. „Die filigrane Arbeit und die Größe des Chorgestühls deuten auch auf den Reichtum hin, den

So geht's zum Chorgestühl:

Das Chorgestühl befindet sich in der Kirche St. Dionys, Marktplatz 17.

die Speyrer hier durch den Esslinger Zehnten erlangten", meint Christine Wanner. Doch es gibt noch ein viel größeres Relikt: die Kirche als solche. Als Friedrich II. den Speyrern die Kirche schenkte, war sie weitaus kleiner als die heutige. „Nach der Schenkung an Speyer ist der komplette Vorgängerbau abgebrochen worden und durch den heutigen Neubau ersetzt worden, der rund 100 Jahre dauerte", sagt Christine Wanner. „Das Chorgestühl mit seinen 50 Sitzplätzen wurde aber erst sehr viel später, 1518, vom Esslinger Schreiner Anton Buol eingebaut."

Den Esslingern freilich gefiel es gar nicht, dass sich die Stadtkirche im Besitz der Speyrer befand und dass ihr Kirchenzehnt sozusagen „an die tote Hand" – sprich: nach Speyer – ging und nicht in Esslingen blieb. „Das hat sie sicher sehr frustriert", überlegt die Stadtführerin, „und so bauten sie – nach einem Spendenaufruf des Rates von 1321 – eine große Kapelle ‚Unserer lieben Frau Maria', heute Frauenkirche genannt", erklärt Christine Wanner. „Die Frauenkirche hat ja eher die Dimension einer Kathedrale als einer Kapelle. Das war sozusagen die Antwort der Esslinger auf die Speyrer."

So abstrus es ist: Wäre Philipp nicht ermordet worden, gäbe es jetzt weder den Speyrer Zehnthof noch die heutige Stadtkirche in ihrer Größe und erst recht nicht die Frauenkirche in ihren Dimensionen. Große Männer hinterlassen eben Großes. Selbst wenn die Relikte post mortem geschaffen werden.

15

Gerhard Voß vor dem seltsamen
Fenster auf dem Beutau Friedhof.

Fenster in der Mauer

Staunen weicht Ernüchterung

Manchmal ist die Wahrheit ernüchternd. Und der Zufall ist dann und wann ein entzaubernder Meister, der die skurrilsten Dinge schafft. Davon kündet ein kleines, mit einem Laden verschlossenes Fenster in der Mauer des jüdischen Friedhofs. Gerhard Voß, Vorsitzender des Vereins „Denk-Zeichen Esslingen", der sich für die Erinnerung an die Geschichte der Juden in Esslingen einsetzt, erzählt, dass dieses Fenster bei der Feier zum Beginn der regelmäßigen Öffnungssonntage im Mai 2011 vorübergehend für Aufregung sorgte. „Man hielt es für ein Kohanim-Fenster, was man so in Württemberg noch kaum gesehen hat", erzählt er. Ein Kohanim-Fenster ist eine Öffnung im Mauerwerk eines jüdischen Friedhofs, von der aus die Mitglieder der Priesterfamilien an Beerdigungen teilnehmen konnten. Denn aufgrund des Reinheitsgebots durften sie dem Toten nicht zu nahe kommen, da sie ansonsten ihren Dienst eine Zeitlang nicht hätten versehen können. Die Beerdigungen selbst, erzählt Voß, wurden dann von einer speziellen Gruppe vorgenommen, die sich auch in der Mikwe rituell reinigen ließ. Solche Fenster haben heute Seltenheitswert, weswegen das Esslinger Fenster auch für Staunen sorgte, das allerdings schnell wieder vorbei war. Denn man erinnerte sich einer alten Bleistiftzeichnung aus dem Jahr 1874, auf der zu sehen ist, dass damals eine recht niedrige Mauer um das Gelände gezogen war. „Die heutige höhere Mauer mit dem Fenster ist erst 1910 um den Friedhof errichtet worden, und da brauchte man kein Kohanim-Fenster mehr, zu dieser Zeit fanden hier keine Beisetzungen

> **So geht's zum Fenster in der Mauer:**
>
> Der jüdische Friedhof befindet sich an der Ecke Mittlere Beutau / Turmstraße. Das Fenster kann man besonders gut von der Turmstraße aus sehen.

Auf dem Friedhof herrscht eine ganz besondere Stimmung.

mehr statt", sagt Voß. Denn im Jahre 1874 war der Friedhof geschlossen worden, weil alle Gräberfelder belegt waren. Und wozu dann das Fenster? Zufall? Ja, und zwar ein grausiger: Im Dritten Reich schändeten Nationalsozialisten den Friedhof und benutzten ihn als Lagerplatz. „Sie bauten das Fenster ein, um sich ihre Baumaterialien rein- und rausreichen zu können", sagt Gerhard Voß betroffen. Ob sie sich dabei darüber im Klaren waren, dass sie etwas schufen, das an dieser Stelle und anders genutzt ein ganz wichtiges Element des jüdischen Glaubens gewesen wäre?

Das schwarze Männle.

Schwarzes Männle
Ein Kleiner und der Keltermeister

Elke Linsenmaier hat das schwarze Männle immer gern gemocht. Jeden Morgen, wenn sie zur Arbeit kam – seit 2001 ist sie Leiterin der Esslinger Stadtinformation – hat sie ihm zugeblinzelt. Na gut, manch-

57

Elke Linsenmaier hat das schwarze Männle, das hoch über ihr schwebt, richtig lieb gewonnen.

mal hat sie das Männle auch vergessen. Aber meistens hat sie dran gedacht. Und wenn Schulkinder oder Touristen ins Stadtmarketing kamen, um zu fragen, was es mit dem Männle auf sich hat, hat sie die Geschichte gerne und bereitwillig erzählt. „Es war ursprünglich dazu gedacht, böse Geister abzuwehren", sagt sie. „Es gibt aber auch die Sage, dass es sich bei dem Männle um den Kellergeist des Spitals handelt, dessen Kelter sich einst hier im Haus befand." Damals sei in den Kellern des Kielmeyerhauses – so heißt das Gebäude – viel Wein gelagert gewesen. „Und das Männle hat aufgepasst, dass sich niemand, der das nicht darf, an dem edlen Tropfen vergreift." Zumal bei der Weinproduktion viele Menschen mitarbeiteten – die eigentlich immer Durst hatten. Erstmals erschienen ist das Männle wohl um 1580. „Damals wurde bei der Weinlese besonders viel gestohlen", erzählt Elke Linsenmaier. „Und dann hat es im Keller laut geknallt und das Männle kam herausgeflogen und muss geschimpft haben wie ein Rohrspatz", lacht sie und überlegt: „Vielleicht war das ja auch der verkleidete Keltermeister, der allen einen Schreck einjagen wollte." Der Sage nach hat sich das Männle als Geist der Kelter vorgestellt und die langfingrigen Mitarbeiter kräftig verprügelt. Freilich hätte das kleine Männle die vielen Liter Wein nicht ganz alleine gegen die Massen möglicher durstiger Eindringlinge verteidigen können. Deshalb half ihm das Krokodil vom Kielmeyerhaus bei der mannhaften Verteidigung. „Es kam immer dann aus den Gewölben, wenn das Männle Hilfe brauchte. Zum Beispiel soll es mal im Spitalkeller aufgetaucht sein und einen betrügerischen Küfer gefressen haben."

So geht's zum schwarzen Männle:

Der kleine Kerl hängt am Eck des Gebäudes Marktplatz 2 und schaut in Richtung Südwesten.

Und was hat es mit dem Schild auf sich, das das Männle in der Hand hält? „Darauf steht die Jahreszahl 1582. Damals wurde das Gebäude nach einem Brand neu errichtet, das Schild soll daran erinnern", erzählt die Stadtinformationsleiterin.

Inzwischen kann sie die unmittelbare Gesellschaft des schwarzen Männles allerdings nicht mehr genießen: Elke Linsenmaier hat ihr erstes Kind zur Welt gebracht und ist in Elternzeit. Und wenn sie zum Stadtmarketing zurückkehrt, wird dieses schon umgezogen sein. Doch wird Elke Linsenmaier sicherlich oft mit ihrem Sprössling am Männle vorbeispazieren. Und später, wenn sie ihre Tätigkeit wieder aufnimmt, hat sie immerhin Sichtkontakt zu dem kleinen schwarzen Kerl: Der neue Standort des Stadtmarketings befindet sich schließlich schräg gegenüber im Späth'schen Haus.

17

Wie wohl einst die schöne Anna, blickt nun auch Heidi Gassmann über Esslingen.

Mélac-Häusle
Anna Katharina und der brutale General

Man hat sie fast schon vergessen. Dabei soll sie einst die Stadt gerettet haben, die schöne, kluge und unschuldige Anna Katharina oder Anna Catharina Haug. Nur ein kleines, verträumt wirkendes Häuschen am Ende eines alten Wehrgangs auf der Burg, das wohl einst den Mauerwächtern als Unterschlupf diente, erinnert noch an dieses tragische und anrührende Ereignis, das in engem Zusammenhang mit der Geschichte Esslingens steht. Und eben weil das Häuschen so romantisch wirkt, will es eigentlich gar nicht so richtig zu der Geschichte passen, die sich hier abgespielt haben soll, denn da ging es keineswegs um Romantik, sondern vielmehr um Macht, Begierde, Blut und Gewalt. „In diesem Häuschen soll Anna Katharina den französischen General Ezéchiel de Mélac (1630–1704) getroffen haben", erzählt Heidi Gassmann, älteste Stadtführerin Esslingens.

Die Begegnung ereignete sich zur Zeit des Pfälzischen Erbfolgekriegs (1688–1697). Ezéchiel de Mélac, General unter Ludwig XIV. (1638–1715), eilte ein furchtbarer Ruf voraus: Er galt als der Mann, dessen Truppen bei ihrem Werk, die Städte zu stürmen und der Bevölkerung ihre Lebensgrundlage zu entziehen, äußerst brutal vorgingen. Mélac trug auch den Beinamen „Mordbrenner". „Er fand es wohl schön, Krieg zu führen und als General hoch zu Ross in die Städte einzufallen und die Leute vor Angst rennen zu sehen", empört sich die Stadtführerin mehr als 300 Jahre später. „Er hat sich mit der Zerstörung der Pfalz nicht zufriedengegeben, sondern ist am Rhein und am Neckar entlang in Richtung Esslingen gekommen." Die Spur, die er hinterließ, war furchtbar: zerstörte, niedergebrannte Städte und verzweifelte Menschen. In Esslingen fiel Mélac nicht ein, sondern schickte einen Kundschafter, der den Wert der Stadt schätzte und die Stadtoberen dann vor die Wahl stellte – Heidi Gassmann zitiert sinngemäß in charmantem Schwäbisch: „Wellet er Krieg oder zahlet er glei?" Die Esslinger zahlten. Nachdem das Geld seinen Besitzer gewechselt hatte, erhielt die Stadt ihren Schutzbrief. Die

Bevölkerung konnte aufatmen, aber nur kurz. Wenig später „kam ein zweiter Requisitionsbefehl, wonach die Stadt zum Unterhalt der zu Heilbronn im Winterquartier liegenden Kavallerie 30.000 Rationen Fourage (...) zu liefern hatte. Auch diese ,ganze ungeheure postulata' mußte man auf sich nehmen." (Eberhardt) Und eines Abends Anfang Dezember 1688 stand Mélac mit seinem Heer doch vor dem Stadttor und begehrte Herberge für die Nacht. Alle Hinweise auf den Schutzbrief halfen nichts, Mélac wollte hinein, versicherte aber, am nächsten Tag wieder abzuziehen. „Und bevor die Truppen irgendwas angezündet hätten, ließ man sie halt rein", sagt Heidi Gassmann. Nicht nur die Menschen wünschten ein warmes Quartier, auch ihre Tiere wollten Mélacs Mannen in Gebäuden untergebracht wissen. „Und die Esslinger Ochsen sollte man auf die Gass stellen." Die Esslinger jedoch hätten sich aus Sorge um ihre Tiere geweigert, sie nach draußen zu bringen. „Also hatte man keine andere Wahl, als die Franzosengäul auf die Dachböden zu stellen", schildert Heidi Gassmann diese unglaublichen Ereignisse. „Man hat die Tiere tatsächlich die Holzstiege hinauf gezogen und geschoben, und zum Schluss standen auf geräumigeren Bühnen von größeren Häusern in der reichen Oberstadt bis zu vier Gäule neben dem Winterheuvorrat, haben die ganze Nacht gefressen und sich natürlich auch erleichtert, es muss furchtbar gestunken haben." So gut versorgt hatten die Franzosen am Folgetag freilich keine Lust, ihr Versprechen einzuhalten und weiterzuziehen. Um die Dimensionen bewusst zu machen: In Mélacs Gefolge befanden sich 1500 Reiter und 2800 Mann Fußvolk.

General Mélac schließlich hatte sich im besten Haus der Stadt einquartiert: dem Goldenen Adler in der Küfergasse, in dem auch die hübsche Anna Katharina arbeitete. „Eine Zierliche, Feine soll sie gewesen sein, der Sage nach war sie 17, in Wirklichkeit 22, aber das ist ja trotzdem noch ein niedliches Alter", findet Heidi Gassmann. Und eben weil Anna Katharina so niedlich und zierlich war, fürchtete die Wirtin um ihr Wohl und forderte sie auf, sich zu verstecken, was ihr auch lange Zeit gelungen sei.

Doch dann ritt der General, des Essens und Trinkens müde, mit seinen Truppen nach Schorndorf und erlitt dort eine Niederlage. Gedemütigt und voller Zorn kehrte er in den Goldenen Adler zurück – und traf dort auf die schöne Anna Katharina. Heidi Gassmann malt sich diese erste

Begegnung zwischen den beiden so aus: „Er hat sie am Arm gepackt und gesagt: ,Nix manger, heut will ich dich.'" *Manger* ist das französische Wort für essen. Anna Katharina müsse sich vor seiner Zudringlichkeit in die Küche geflüchtet haben, vermutet Heidi Gassmann, dann aber von den Esslingerinnen, die fürchteten, der General könne die Stadt nie-

So geht's zum Mélac-Häusle:

Das Häuschen befindet sich innerhalb der Burganlage im hinteren, linken Bereich – links der Burgschenke „Trödler".

derbrennen, wenn er Anna Katharina nicht bekäme, zu einem Treffen überredet worden sein. Das schöne, tapfere Mädchen habe sich schließlich dazu bereit erklärt – in besagtem Häuschen auf der Burg. Und nun scheiden sich die Geister. Heidi Gassmann erzählt, Anna Katharina habe einen Dolch im Rockbund versteckt und Mélac damit bedroht, er habe sie aber überwältigen können und getötet. Eine andere Variante geht davon aus, dass der General dort oben um das Mädchen warb, sie sich ihm widersetzte und er schließlich drohte, die Stadt anzuzünden, wenn sie ihm nicht zu Willen sei. Anna Katharina habe ihm daraufhin versprochen, ihn am nächsten Abend nochmals zu treffen – allerdings nicht in diesem Häuschen, sondern in dem heute noch erhaltenen Türmchen am Ailenberg. Dort soll dann, dieser zweiten Variante zufolge, der Kampf stattgefunden haben. Heidi Gassmann sagt dazu: „Ich kann mir das nicht vorstellen, der Ailenbergturm liegt zu weit außerhalb." Niemals, meint sie, sei das Mädchen mitten im Krieg bei Nacht allein so weit gegangen. Ihrer Ansicht nach fand der Mord an Anna Katharina – der übrigens gar keiner war, doch dazu später – im Häuschen auf der Burg statt.

Wo auch immer der „Mord" sich nun ereignete – beide Varianten enden gleich: Mélac war entsetzt, als er das Mädchen in seinem Blut daliegen sah, eilte zurück in die Stadt, ließ zum Aufbruch blasen und rückte mit seinen Truppen ab. Den Abzug der Franzosen datiert der ehemalige Stadtarchivar Paul Eberhardt auf den 1. Januar 1689.

Doch was wurde aus der ermordeten Anna Katharina? „Ende des 19. Jahrhunderts begann man sich für ihr Schicksal zu interessieren", erzählt Heidi Gassmann. Bei den Nachforschungen fand man Hinweise auf eine

Vorladung der Anna Katharina im damaligen Zuchtamt. Sie war gar nicht tot, sondern schwanger. Der Vater der Schwangeren bat die Stadt um einen Vorschlag, wie das ungeborene Kind möchte „alimentiret" werden, sein Einkommen reiche nicht aus, um auch für dieses Kind aufzukommen. In einem Ratsprotokoll ist vermerkt: „Herr Jeremias Haug Pfarrher zu Hochdorff, bittet, weilen bei letsterem franz. einbruch seine Tochter von herrn general Melac mit gewalt defloriret worden, ihro ein attestatum violentae stuprationis zu ertheilen, dero hospitem, Hans Michel Leonhardt Rutenberg(er) würth zu dem goldenen Adler aber, alß welcher sie wol in sicherheit hätte bringen können, ad partus alimentationem anzuhalten." Stadt und Wirt lehnten die Unterstützung aber ab, Anna Katharina ging nach Sirnau zu Freunden und brachte ihr Kind zur Welt. Im dortigen Taufbuch findet sich auch tatsächlich ein Hinweis auf die Geburt ihres Sohnes Joseph, der allerdings im August 1690, im Alter von einem dreiviertel Jahr, starb. Anna Katharina kehrte ins Wirtshaus zurück. „Man empfing sie mit offenen Armen", sagt Heidi Gassmann. Vor allem der alte Wirt Ruthenberger freute sich, denn wie in Mélac hatte das schöne Mädchen auch in ihm Begierden erweckt. Als die Wirtin kurz darauf starb, führte er Anna Katharina rasch zum Traualtar. Den beiden wurde ein Sohn geboren. Von seinem Vater hatte der Junge nicht mehr viel, der Wirt starb im April 1700 und Anna Katharina Ruthenberger heiratete erneut. Sie verlebte noch viele glückliche Jahre. Heidi Gassmann sagt: „Anna Katharina wurde eine hochangesehene Wirtin und fast 76 Jahre alt."

18

Die Türme mit der Brücke: ein Wahrzeichen der Stadt.

Stadtkirchentürme

Nur ein Gang zum stillen Örtchen?

Sie sieht romantisch aus. Und sie ist ortsbildprägend. Was es für einen Sinn haben soll, dass sich zwischen den beiden Türmen der Stadtkirche eine Brücke befindet, das will sich allerdings nicht so richtig erschließen.

Mesner Klaus Petra steht stolz auf dem Südturm „seiner" Kirche und blickt – wie einst der Türmer – auf Esslingen.

Man erzählt sich in der Neckarstadt zwar gerne, dass die Toilette des Turmwächters sich im Nachbarturm seiner Wohnung befunden hatte und man die Brücke baute, um ihm den Weg vom einen Turm hinab und auf den anderen Turm herauf zu ersparen. Doch wirklich glaubhaft ist die Geschichte nicht, denn sich um einen komfortablen Wohnsitz für ihre Turmwächter zu sorgen, gehörte nicht unbedingt zu den allerersten Interessen der Stadtväter. Zumal die Turmwächter eher in der unteren Besoldungsgruppe angesiedelt waren. Dem Wächter eine Brücke zu bauen, damit er bequemer aufs Klo gehen kann, wäre in etwa so, als würde man einem städtischen Mitarbeiter einen Privataufzug von seiner Wohnung in sein Büro einrichten. Und in der Tat wurde die Brücke auch aus einem ganz anderen Grund gebaut: Nachdem man die Türme im Zuge der Stadtkirchenerweiterung (siehe Geheimnis 7) erhöht hatte, begannen die neuen Esslinger Wahrzeichen zu kippen. Leise spottet mancher Esslinger darüber, dass man halt habe sparen wollen und die Türme getreu dem Motto „des hebt schon" nicht richtig befestigte. „1437 und 1450 versuchte man, den Nordturm durch Strebepfeiler zu sichern. Das reichte aber nicht, also wurden zwei Eisenketten zwischen den Türmen gespannt, die sie zusammenhalten sollten", erzählt Mesner Klaus Petra. Und weil es ja nun wirklich komisch ausgesehen hätte, wenn zwei Ketten zwischen den Türmen hängen, verbarg man sie in zwei Holzbrücken, die im Jahr 1900 der heute noch erhaltenen und mit Stahlkonstruktionen verstärkten Brücke weichen mussten.

Klaus Petra kennt die Kirche und damit auch die Brücke wie seine

So geht's zu den Türmen:

Die Türme der Stadtkirche am Marktplatz 17 sind von der ganzen Stadt aus zu sehen.

Westentasche. Ist er in „seiner" Kirche unterwegs, stürmt er die engen, alten Holztreppen rasenden Schrittes hinauf und hinab. „Das mache ich sogar zweimal im Jahr mit dem Staubsauger auf dem Rücken!", schmunzelt er. Denn schließlich muss auch mal in den zugigen Türmen gesaugt werden. Türmer, sagt der Mesner, hätten dort oben bis ins Jahr 1899 hinein gewohnt. „Der Türmer hatte die Oberaufsicht, deswegen durfte er den Turm nie verlassen. Also schickte er seine Frau oder seine Kinder in die Stadt runter, um zu melden, ob es wo brannte oder ob er Eindringlinge gesichtet hatte." Der Türmer wohnte mit seiner Familie im Südturm. Tatsächlich befand sich neben dem Speicher – und natürlich den Glocken – auch die Toilette im Nordturm. Und wenn die Brücke zur Toilette schon nicht seinetwegen gebaut wurde, so konnte der Türmer sie trotzdem nutzen, um sein stilles Örtchen aufzusuchen.

19

Der Stadtarchivar Dr. Joachim J. Halbekann
vor einem der ältesten Stücke der Stadtmauer.

Schelztor

Ein gesundes Selbstbewusstsein

Der Eisessende führt erwartungsvoll die Waffel mit herrlich erfrischendem Himbeereis an den Mund, das er sich gerade in der Eisdiele im Schelztor geholt hat. Auf der Suche nach einem schattigen Plätzchen umkreist er das Tor – und stutzt: Im Mauerwerk findet sich ein schmaler, sehr hoher Streifen, der wirkt, als sei hier etwas herausgebrochen. Neugierig geworden sieht er auf der anderen Seite nach – und stellt fest, dass die Veränderung im Gemäuer auch hier vorhanden ist. Dr. Joachim J. Halbekann, Leiter des Stadtarchivs Esslingen, weiß das Rätsel zu lösen. „Hier war einst die Stadtmauer angeschlossen", sagt er. Schon 1241 sei an anderer Stelle ein weiteres, heute nicht mehr erhaltenes Stadttor erwähnt, „man kann davon ausgehen, dass der innere Ring der Stadtmauer damals vollendet war". Dieser Schutz war wichtig für die Esslinger, denn „Mitte des 13. Jahrhunderts begann eine Phase intensiver militärischer Auseinandersetzungen". Esslingen, sagt Halbekann, sei eine große Bedeutung zugekommen, nicht zuletzt, weil es an einer bedeutenden West-Ost-Handelsstraße lag. Für die Staufer und ihre Nachfolger als Könige und Kaiser war Esslingen „absolut ein Zentralort". Sie wollten ihn halten, andere Mächte – allen voran Württemberg – wollten die Stadt am liebsten unterwerfen und besitzen oder zumindest mit ihr kooperieren. Derlei Begehrlichkeiten stellten freilich eine große Bedrohung dar, was dazu führte, dass die Stadt die mächtigen Mauerringe anlegte. „Das läuft eigentlich immer so, dass zuerst

> **So geht's zum Schelztor:**
>
> Die Stellen, an denen einst die Stadtmauer ans Schelztor stieß, finden sich rechts und links des Tores.
> Das Schelztor steht in der Schelztorstraße 2. Sehenswerte Stadtmauerreste gibt es unterhalb des Stadtarchivs beim Roßneckarkanal „Am Kanzleiufer".

Die Stadtmauereinschlüsse am Schelztor.

die Kernstadt ummauert wird", erläutert der Stadtarchivar. In Esslingen wurden dann noch drei größere Vorstädte umfasst: zunächst vermutlich die Pliensau – nicht zu verwechseln mit der heutigen Pliensauvorstadt – im 14. Jahrhundert die Obertorvorstadt und die Beutau-Vorstadt, die, wie Halbekann sagt, „natürlich eine gefährliche Ecke war, wenn der Feind vom Norden in die Stadt einfallen wollte". Warum die Württemberger an der wohlhabenden Reichsstadt, die nur dem Kaiser unterstellt war, Interesse hatten, liegt nahe. Das unabhängige Esslingen lag im Zentrum des Einflussgebiets Württembergs. Und als es „Anfang des 14. Jahrhunderts eine tiefgreifende Auseinandersetzung zwischen dem damaligen König Heinrich VII. und dem Grafen von Württemberg, Eberhard I., gab, wurde auch Esslingen in den Konflikt hineingezogen", erzählt Halbekann. „Als der König 1310 zur Kaiserkrönung nach Italien zog, beauftragte er die Reichsstädte unter der Führung Esslingens, den Grafen von Württemberg zu bekriegen", erklärt der Stadtarchivar. Im anschließenden Reichskrieg (1310–1316) konnten die Esslinger 1312 neben vielen anderen württembergischen Städten auch Stuttgart unterwerfen: Die Reichsstadt befand sich auf dem Höhepunkt ihrer Macht, während Württemberg am Abgrund stand. „Doch dann starb der neugekrönte Kaiser Heinrich VII. am 24. August 1313 in der Toskana an Malaria." Dadurch, erläutert Halbekann, habe sich mit einem Schlag die gesamte Machtkonstellation verändert, Württemberg konnte sich wieder behaupten, „1316 kam es zu einem Friedensschluss". Anschließend habe sich sicher keiner mehr gern an diesen Krieg erinnert. Der Archivar fasst zusammen: „Die Württemberger hatten von den Reichsstädten unter Esslinger Führung richtig einen auf die Nase bekommen. Und für die Esslinger war es im Endeffekt auch kein großer Gewinn, weil sie Württemberg nicht dauerhaft hatten besiegen können." Die Mauer jedenfalls schützte die Stadt noch viele Jahrhunderte lang. 1519 habe es die letzte Belagerung Esslingens und seiner Mauern gegeben, zu jener Zeit sei Esslingen machtpolitisch aber längst unterlegen gewesen und danach, im 17. Jahrhundert, habe man sich, etwa gegen die Franzosen, nicht mehr verteidigt, sondern dem Feind lieber die Tore geöffnet, weil klar war, dass man im Fall eines Kampfes ohnehin unterliegen würde.

So war von Esslingens Vormachtstellung in der Region zu Zeiten des Jahres 1312 also nichts mehr zu spüren. „Aber das Selbstbewusstsein", sagt der Stadtarchivar, „einmal besonders wehrhaft und mächtiger als Stuttgart gewesen zu sein, das ist bei vielen Esslingern vorhanden geblieben. Auch wenn vielen der Reichskrieg des frühen 14. Jahrhunderts natürlich nichts mehr sagt." Auch davon kündet der Maueransatz am Schelztor.

Das romantische Wasserhaus von 1842.

Wasserhaus

Die Sache mit der Schokolade

Es geschah zu einer Zeit, als Werner Mey, heute Journalist im Ruhestand, noch ein Lausbub war. Immer wenn er die kleine überdachte Brücke, Wasserhaus genannt, erblickt, die den Hammerkanal an der Nahtstelle zum Neckarschifffahrtskanal überbrückt und die Pulverwiesen mit der Kurt-Schumacher-Straße verbindet, muss er schmunzeln. Und die Geschichte, die dahintersteckt, ist auch durchaus amüsant. Ein paar Stichworte: Schokolade. Amerikaner. Dolche. Munition. Was das alles mit dem Wasserhaus zu tun hat? Unter dem Wasserhaus waren so genannte „Stautafeln" oder „Fallen" angebracht, mit denen sich die Wasserzufuhrmengen regulieren ließen. „Mit der Schließung der Fallen kann gewissermaßen auf einen Schlag eine Austrocknung aller Kanäle vom Wasserhaus bis zur Einmündung des Roßneckarkanals in den Neckarschifffahrtskanal erfolgen", erklärt Mey. „Während dieser Trockenlegung besteht die Möglichkeit, die Kanäle von Schlamm und Unrat zu befreien und Reparaturen auszuführen." Bei diesen Putzaktionen fanden sich nach dem Zweiten Weltkrieg hochinteressante Dinge: „Kurz nach dem Einmarsch der Alliierten haben noch viele Esslinger ihre Waffen, Ehren- und Parteiabzeichen ganz schnell in den Neckar geworfen. Denn wenn man von einem Amerikaner mit einer Waffe erwischt worden wäre – also da hat die Todesstrafe drauf gestanden", sagt Werner Mey. Die Amerikaner waren nach dem Krieg ab Juli 1945 Besatzungsmacht. Auch viel Munition habe man damals im Kanal gefunden. Die Esslinger Jungs ließen sich freilich nicht davon abhalten,

So geht's zum Wasserhaus:

Das Wasserhaus steht bei den Pulverwiesen 5, zwischen den Pulverwiesen und der Kurt-Schuhmacher-Straße, kurz vor dem Neckarfreibad.

im trockengelegten Kanal auf Entdeckungsreise zu gehen. „Ich habe meiner Mutter Patronen auf den Tisch gelegt – da war natürlich der Teufel los", blickt der Senior zurück. Die Amerikaner wurden von den Esslinger Buben mit gemischten Gefühlen beäugt: Zum einen fürchteten sie sie, weil sie Häuser beschlagnahmten und manchen Esslingern damit das Zuhause nahmen, zum anderen liebten sie sie, denn die Amerikaner schenkten den Kindern und Jugendlichen Schokolade. „Eigentlich durften wir von den Amerikanern nichts annehmen, denn es war ja der Feind – aber bei Schokolade ...!", schwärmt Werner Mey noch mehr als 60 Jahre später. „Und die Amerikaner haben uns dann zu verstehen gegeben, dass wir noch mehr Schokolade bekommen, wenn wir ihnen Dolche oder Parteiabzeichen bringen." Also habe ein regelrechter Handel angefangen. „Nur Pistolen haben wir ihnen nicht gebracht, das verstand sich von selbst." Der „Handel" mit den Amerikanern bedeutete aber nicht, dass die Jungs ihnen keine Streiche mehr spielten: Ganz in der Nähe von Werner Meys Wohnort befand sich ein Sitz der CIA. Zusammen mit einem gleichaltrigen Flüchtlingsjungen schoss Mey mit selbstgebastelten Schleudern Zehnpfennigstücke auf die Wachposten. „Bei einer Entfernung von 60 Metern kann man nicht von Zielen sprechen, aber wir haben trotzdem beide jeweils einen am Helm getroffen!", berichtet der Esslinger, der darauf heute noch ein bisschen stolz ist. Die Wachposten schlugen natürlich sofort Alarm und schwärmten nach den Lausbuben aus, die dann letztendlich auch geschnappt und in einen Jeep gepackt wurden. „Sie fuhren mit uns zu den Sirnauer Wiesen und haben, nachdem sie uns nach Waffen abgetastet und verhört haben, angedeutet, dass sie uns jetzt an den Bäumen erhängen werden. Wir haben geheult und um unser Leben gebettelt, was das Zeug hält." Mey graust sich noch heute, wenn er an die Ängste denkt, die er als kleiner Junge

Werner Mey erinnert sich an die Zeit, in der die Fallen des Wasserhauses geschlossen waren.

dadurch aushalten musste. Denn dass die Amerikaner den siebenjährigen Jungs nur Angst einjagen wollten, wussten sie in ihrer Panik natürlich nicht. „Und als wir heimgebracht wurden und in den Armen unserer Mütter Schutz suchten, gab es stattdessen eine kräftige Tracht Prügel, da die Amerikaner bereits bei den Müttern gewesen waren, das ganze Haus durchsucht und ihnen angedroht hatten, das Haus räumen zu müssen." Warum so ein großer Staatsakt? „Die Amerikaner hatten furchtbare Angst vor Werwölfen, also deutschen Partisanen", erklärt Mey. „Aber das gab es hier nicht!" Nochmal mit dem Schreck davongekommen, war Werner Mey schnell zu neuen Abenteuern aufgelegt: „Später ist man dann auch zum Kohleklau an den Güterbahnhof gegangen", sagt er. Was allerdings eher der Not als dem Wunsch, unbedingt einen Streich zu spielen, entsprungen sein dürfte. „Wir hatten ja zu Hause nichts zum Heizen. Die Gaszufuhrleitungen waren plombiert. Gekocht wurde auf zwei aneinandergekoppelten umgedrehten Elektrobügeleisen." Das also ist der Grund, warum Werner Mey schmunzeln muss, wenn er das Wasserhaus sieht. Und die Antwort darauf, was eine kleine Brücke über den Neckar mit Dolchen, Amerikanern und Schokolade zu tun hat.

Der Grundstein der Franziskaner.

Grundstein

Mönche als Streetworker und gute Gastwirte

Nachträglich hat Theologe Thomas Richard Schild „eine mords Sauwut entwickelt". Und zwar deshalb, weil die Franziskanerkirche abgerissen wurde. Wäre sie erhalten geblieben, „hätten wir ein maßlos schönes Beispiel gehabt für die Fortentwicklung der damals jungen Bettelorden-architektur nördlich der Alpen". Eine kleine Kühlung für sein erhitztes Mütchen: Der Chor ist geblieben. Und ein Stein – und zwar der wich-

75

Ein Trost für Thomas Richard Schild: Wenigstens der Chor ist geblieben.

tigste: die Gründungsinschrift. „Anno Domini MCCXXXVII nos fratres minores intravimus hanc civitatem Esselingensem ad manendum", ist darauf zu lesen, was so viel heißt, wie: Im Jahre des Herrn 1237 haben wir Minderbrüder diese Stadt Esslingen betreten, um hier auf Dauer zu bleiben." Eine euphorische Erklärung, die sich allerdings nicht bewahrheiten sollte: Diesen Stein samt dem Chor der Franziskanerkirche gibt es zwar noch, aber die Mönche haben Esslingen lang schon verlassen. Thomas Richard Schild sagt, wie es ist: „Nach der Reformation sind sie rausgeschmissen worden."

Das Klostergebäude war danach weitgehend abgerissen worden. Die Kirche blieb noch stehen und wurde im Jahre 1795 als Gewehr- und später als Futtermagazin genutzt. 1840 wurde die Baufälligkeit der Kirche endgültig festgestellt. „Man hat das Langhaus dann unverzüglich abgerissen", schimpft Schild. Der Chor, der eine Zeit lang ebenfalls vom Abriss bedroht war, blieb erhalten, und ab 1930 wurde das heutige Gemeindehaus angebaut.

Die ersten Franziskaner, sagt Thomas Richard Schild, hätten sich um 1226 am Stöckenbrunnen in Oberesslingen niedergelassen, seien dann aber elf Jahre später in die Stadt umgezogen. „Die Stadt empfing sie mit offenen Armen, da sie sehr schnell gemerkt hat, dass die Franziskaner

76

sich um soziale Problemgruppen kümmerten, die man sonst nicht in den Griff bekommen hätte." Die Mönche hätten sich gewissermaßen als „Streetworker" verdient gemacht – wenn sie diesen Begriff damals auch ganz sicher noch nicht im Munde führten. Auch bei den Bürgern seien die Franziskaner sehr beliebt gewesen: „Die

So geht's zum Grundstein:

Der Grundstein der Franziskaner befindet sich in der Kupfergasse an der Außenseite des Chors.

waren hoch geachtet. Sie behielten ja kein Geld für sich, sondern waren wirklich ein Bettelorden." Eben weil sie so hoch geachtet waren, bedachte man sie mit vielerlei Spenden, vor allem die Damen und Herren des Adels zückten gern die Börse zu Gunsten der Franziskaner. Und damit auch nichts übrig blieb, veranstalteten die Mönche ein Mal im Jahr am 23. April einen „Jergentag", das Fest des heiligen Georg. Dabei sei dann immer kostenlos Brot und Wein an die Bevölkerung verteilt worden. „Da war mords was los", sagt es der Theologe auf Neudeutsch.

Und der Esslinger Chronist Dionysius Dreytwein sagt es gereimt:

> *„Wan es was auff Sant Jergen tag,*
> *Ein groß merackel man da pflag,*
> *Gab man zu ttruncken auß der scheiben,*
> *Das theten sie alle jar ttreiben.*
> *Man gab zu ttrincken roten wein*
> *Ttranck jeder man, groß und klein."*

Heute erinnern nur noch der Chor und der Gründungsstein an die Franziskaner. Thomas Richard Schild kann sich darüber gar nicht beruhigen und nimmt kein Blatt vor den Mund: „Es war eine Blödheit, eine der schönsten Franziskanerkirchen auf deutschem Boden abzureißen!"

Merkwürdige Fensterreste stehen still und verträumt inmitten der Landschaft.

Augustinerkloster
Zwei streitbare Herren

Wer nicht weiß, wo sie sind, wird sie wohl auch nicht finden, denn zufällig entdeckt man diese versteckten Mauerteile mit drei riesigen Fensterdurchbrüchen wohl kaum. So romantisch und verträumt, wie sie dort im grünen Idyll stehen, kann man sich gar nicht vorstellen, dass es hier viele Jahrhunderte zuvor ziemlich unruhig zuging. Und man kann sich auch nicht denken, was diese Fensterdurchbrüche mit einem genialen Mathematiker und einem prognostizierten Weltuntergang zu tun haben sollten. All diese Turbulenzen gehen auf den berühmten Esslinger Michael Stifel (1487–1567) zurück, der 1511 in dem Gebäude, zu dem die heute noch vorhandenen Fenster gehören, dem Augustinerkloster, die Priesterweihe erhielt. Zehn bis elf Jahre später, es war anno 1521 oder 1522, erlangte er mit seiner lutherfreundlichen Schrift „Von der Christförmigen rechtgegründeten leer Doctoris Martini Lutheri" Berühmtheit. Denn im Gegensatz zu den meisten anderen Esslingern, die, man mag es kaum glauben, der Reformation eher gleichgültig gegenüberstanden, verfocht er sie mit aller Vehemenz. Seine Schrift rief den Humanisten und Kontroverstheologen Thomas Murner (1475–1537) auf den Plan und die beiden lieferten sich ein hef-

> **So geht's zu den Fenstern:**
>
> Die Fenster befinden sich auf dem Weg zum Pfarrhof, Augustinerstraße 10–14.

tiges literarisches Gefecht – nicht ohne die ein oder andere Beleidigung. Das sah zum Beispiel aus Stifels Feder so aus: „Ach du armer Murnar, was hastu gethon / Das du also blind in der heylgen Schrift bist gon. / Des muost du in der Kutten lyden Pein / Aller gelerten MURR/NARR muost du sein. /O he ho lieber Murnar."

Immer mehr geriet Stifel ins Blickfeld seiner Gegner, so dass er schließlich nach Frankfurt flüchten musste. In den Folgejahren war er allerdings weiterhin äußerst aktiv. Er wurde zum ersten evangelischen Prediger Österreichs, deutete die Bibel mittels mathematischer Überlegungen und errechnete für den 19. Oktober 1533 um 8 Uhr morgens den Weltuntergang. Als sich seine Prophezeiungen nicht bewahrheiteten und die Welt keineswegs unterging, musste der rechenfreudige Theologe für vier Wochen ins Gefängnis. Die Redewendung: „Was rechnet der denn für einen Stiefel zusammen?", geht übrigens auf ihn zurück.

Zurück nach Esslingen und zur Reformation: Wenn der Rat der Stadt dem reformatorischen Gedankengut auch herzlich wenig Emotionen entgegengebracht hatte, so votierten doch bei der Abstimmung für oder gegen die Reformation von über 1000 damals wahlberechtigten Bürgern nur 21 gegen die Durchführung derselben. Und heute ist Esslingen tief evangelisch. Ob Stifel sich im heutigen Esslingen wohlgefühlt hätte? Vermutlich, folgten die Bürger der Neckarstadt doch dem Glauben, den er so eifrig verfocht. Die übrig gebliebenen Fenster jedenfalls stammen von dem alten Kreuzgang des Klosters. Wer weiß, ob Stifel hier einst wandelte, während er seine streitbaren Erwiderungen auf Thomas Murners Schriften ersann?

Sabine Schaible „spukt"
vor dem Wohnturm.

Gelbes Haus

Feuerdrachen, Raubritter und Geister

Dieses Haus gibt seine Geschichte nicht gleich preis. Weder dass es sich eigentlich gar nicht um ein Haus, sondern um einen Turm handelt, ist auf den ersten Blick zu erraten, noch dass sich in seinem Innern angeblich unglaubliche Dinge zugetragen haben sollen. Historikerin Sabine Schaible kennt aber eine Geschichte, die von feuerspeienden Drachen, schlitzohrigen Wachen und spukenden Mönchen handelt. Sie geht so: Um 1269 wurde der heute als Stadtmuseum genutzte Turm errichtet und war wohl Teil einer großen Hofanlage. Der Sage nach sollen in dem Turm adelige Raubritter gehaust und die Flanierenden um ihr Hab und Gut gebracht haben. Im Volksmund wurden die Türme daher auch „Raubtürme" genannt.

Und nun wird es unheimlich: 14 Jahre nachdem ein gewisser Jakob Lemppächer den Wohnturm am Hafenmarkt erworben hatte, brach bei seinem Nachbarn Christoph Caspart am 3. Januar 1654 ein Brand aus. Das Lemppächer-Haus brannte komplett ab, der dazugehörige Turm wurde beschädigt. Wie es zu dem Feuer kam? Augenzeugen wollen damals einen feuerspeienden Drachen gesehen haben, der in das Haus eingefahren sei. Die Variante mit dem Ungeheuer konnte den Untersuchungen freilich nicht standhalten – sie ergaben, dass Caspart das Feuer zu verantworten hatte. Ihm wurde eine satte Strafe aufgebrummt. Der feuerspeiende Drache kam also ungeschoren davon.

Zwei schlitzohrige Männer jedoch nutzten die Angst der Esslinger vor feuerspeienden Drachen und anderen Gespenstern, verkleideten sich als Mönche, stiegen in der Nacht nach dem Brand auf die noch übrig gebliebenen Mauern und legten eine Spuk-Show vom Feinsten hin. „Sie bewaffneten sich auch mit allerlei lärmendem Gerät und vollführten den tollsten Schabernack", schmunzelt Sabine Schaible, Begründerin der „Esslinger Erlebnisführungen". Im Gegensatz zum feuerspeienden Drachen konnte man die „Mönche" aber identifizieren: Die Brandwachen,

So geht's zum gelben Haus:

Das gelbe Haus steht am Hafenmarkt 9.

die Ratsherr Caspart für die Nacht aufgestellt hatte, waren die Übeltäter. Von diesen Vorkommnissen berichtet auch der ehemalige Stadtarchivar Paul Eberhardt. Die beiden hätten sich „verklaidet inn Münchsgestalt ainen letzen Nachtbelz, flohr oder schwartze Binden angethan, aine klupperte Schlüssel angehenkt und sich also verklaidet Inn des Herrn Casparten Haus präsentiret". Dann hätten sie sich „auf die Abgebrandte Hoffstatt begeben" und so getan, „allß wenn sie verstorbene Münch oder Gaister wehren". Was der Feuerdrache konnte – nämlich der Gerichtsbarkeit einfach davonfliegen, das konnten die beiden Wächter nicht. Der eine wurde im Turm eingesperrt und musste eine Strafe zahlen, dem anderen wurde die Strafe erlassen, weil er beim Löschen kräftig mitgeholfen hatte.

Im Inneren des Turmes sind heute noch starke Rußspuren zu sehen. Sie stammen allerdings nicht von dem Brand 1654, sondern vom großen Stadtbrand 1701 (Siehe Geheimnis 43). Denn „der Feuerdrache fuhr auch in den darauffolgenden Jahrzehnten und Jahrhunderten dann und wann in den Turm hinein", erzählt Sabine Schaible augenzwinkernd. „Man sagte deshalb auch, dass das Haus verflucht sei." Doch selbst wenn das Ungeheuer immer wieder sein Unwesen getrieben haben sollte: Der altehrwürdige Esslinger Geschlechterturm obsiegte und steht stolz an seinem Platz, den er schon seit Jahrhunderten einnimmt. Bis in das 19. Jahrhundert hinein war er im Besitz führender Esslinger Familien. 1989 zog dann das Stadtmuseum ein. Und wer weiß: Vielleicht findet sich im Fundus des Städtischen Museums ja noch das eine oder andere Stück aus Raubrittertagen?

24

Ein Haus mit bewegter Geschichte.

Paracelsus-Haus

„... werde man von weiterer Ungepür hören"

Es sieht eigentlich ganz harmlos aus, das große, stattliche Fachwerk-
haus aus dem Jahre 1502. Kaum einer, der daran vorbeigeht oder im
Erdgeschoss leckeren Kaffee einer bekannten Firma genießt, ahnt, dass

Das Gemälde.

es um dieses Haus einmal viel Unruhe gab. Wie das Gemälde auf der Giebelseite stolz verkündet, bewohnte es möglicherweise der Arzt, Astrologe und Philosoph Paracelsus (1493–1541). Doch nach dem Tod seines prominenten angeblichen Bewohners wurde das Haus Anfang 1548 als Herberge „Zum goldenenen Ochsen" geführt, die dann in Verruf geriet. Durch ein Tauschgeschäft fiel es nämlich an einen gewissen Peter Beringer. „Vielleicht hatte er ja Spaß daran, all den Händlern und Fuhrleuten, die über die Äußere Brücke nach Esslingen kamen und die im Ochsen nächtigten, nette Gesellschaft durch gewisse Damen zu verschaffen", überlegt Stadtführerin Heidi Gassmann. Der ehrsame Rat sah das freilich nicht gern: Im Ratsprotokoll vom 11. März 1609 ist vermerkt, „er solle seine herrberg also anstellen, daß sie fir ein Erbare Bidermannsherberg und nicht

So geht's zum Paracelsus-Haus:

Das Gebäude steht in der Pliensaustraße 8, an der Ecke Pliensaustraße/Unterer Metzgerbach.

ein hurrenhauß, wie sie das Ansehen und namen albereit haben wölle, gehalten werde. Werde man von weiterer Ungepür hören, und sich ein solches in der Inquisition befünden, werde man Ine mit gepürender Straf ansehen." Augenscheinlich ließ sich Peter Beringer vom Rat nicht einschüchtern und machte munter weiter mit seinem „hurrenhauß". Darauf zumindest lässt ein Ratsprotokoll vom 3. Dezember 1612 schließen: „Peter Beringern, Wirt zum guldin Adler und dem Heugelin ist eingebunden worden, das leichtfertige huren und Buoben Gesindt nicht ufzuhalten, sondern vortzuweißen." Anscheinend gab es Beringer dann auch tatsächlich auf, das liegende Gewerbe weiter zu betreiben. In den Ratsprotokollen ist zumindest nach 1612 nichts mehr vermerkt. Vielleicht wurde aus ihm ja tatsächlich ein braver Mann.

25

Wenn eine Fantasie zu Stein wird, entstehen manchmal großartige Dinge – wie dieser Brunnen.

Postmichelbrunnen

Ein fantasiebegabter Mann

„Wie hätte sich der selige Sagenfabrikant Munder ins Fäustchen gelacht, wenn er das noch erlebt hätte!", schrieb im Jahre 1914 der ehemalige Stadtarchivar Eberhardt in der Eßlinger Zeitung. Wer war dieser „Sagen-fabrikant Munder" und warum hätte er sich ins Fäustchen lachen sollen? Eberhardt verfasste den Artikel anlässlich der „höchsten Ehrung" des heute so bekannten Postmichels, nämlich der Tatsache, dass er „den neuen Eßlin-ger Monumentalbrunnen schmücken wird". Und dieser Postmichel ist der Fantasie eben jenes Sagenfabrikanten entsprungen. Ins Fäustchen gelacht hätte Munder sich also, wenn er erlebt hätte, dass aus seiner Fantasiefigur ein Denkmal aus Stein geworden ist. Die Geschichte, die er sich erdachte, kennt so ziemlich jeder Esslinger. Für diejenigen, die sie nicht kennen, sei sie hier erzählt:

Es war im Jahre 1491, als auf der Esslinger Steige im benachbarten Stutt-gart ein reicher Mann aus Esslingen ermordet wurde. Der Mörder wurde nicht gefasst. Und dann, zwei Jahre später, entdeckte der berittene Postbote Michel Banhard dort, wo sich der Mord ereignet hatte, einen Ring. Nicht wissend, dass er das Schmuckstück gewissermaßen auf blutigem Boden gefunden hatte, steckte er es sich an den Finger. Der Postmichel hatte nicht vor den Ring zu behalten, er wollte ihn in Esslingen quasi auf dem Fund-büro abgeben. Doch der gute Mann hatte Pech: Er kehrte in einem Wirts-haus ein, man erkannte den Ring als Eigentum des Toten und bezichtigte den armen Postmichel des Mordes und des Diebstahls. Er wurde ins Gefäng-nis gesteckt und gefoltert. Und wie das mit der Folter so ist: Postmichel gestand, was er nicht getan hatte, nur um den Qualen ein Ende zu bereiten. Er wurde verurteilt – zum Tod mit dem Schwert. Und bevor man ihn umbrachte, stieß er ein letztes, ein allerletztes Mal in sein Horn und kündigte an, dass er den Esslingern alljährlich erscheinen würde, bis man den wahren Übeltäter gefunden hätte. Tatsächlich erschien den Bürgern der Neckarstadt immer am Michaelistag ein Reiter, der seinen

Martin Beutelspacher zeigt auf eine Szene, die den Postmichel das Leben kosten wird.

Kopf nicht auf dem Hals, sondern unter dem Arm trug. Der Postmichel hatte Erfolg mit seiner hartnäckigen Spukerei: Rund 50 Jahre nach seinem Tod erschien er einem alten Mann, der daraufhin verzweifelt gestand, der Neffe und Erbe des reichen Ermordeten zu sein und ihn seinerzeit umgebracht zu haben. Nach seinem Geständnis segnete der Mörder das Zeitliche und der Postmichel fand endlich seine Ruh.

Um es noch einmal deutlich zu machen: An der Geschichte um den Postmichel ist kein Fünkchen Wahrheit dran. Das Besondere an der Sage ist für Museumsleiter Martin Beutelspacher die Art und Weise, wie sie entstand. „Sagenfabrikant" Munder erzählt sie erstmals in der „Stuttgarter Stadtglocke", das war eine Zeitung, die in den Jahren 1844–1848 erschien. „Der Autor nennt Ross und Reiter", sagt Beutelspacher. Will heißen: Munder benennt seine Figuren nach Menschen, die es wirklich gegeben hatte: Der Ermordete heißt bei ihm Amandus Marchtaler – und der lebte zwar nicht im Mittelalter in Esslingen, war jedoch von 1772 bis 1792 sogar Schultheiß der Stadt am Neckar. Den prominenten Marchtaler aus dem 18. Jahrhundert ins Mittelalter zu versetzen und ihn eines unnatürlichen Todes sterben zu lassen, mag Munder besonders charmant gefunden haben. „In Wirklichkeit wurde Marchtaler nämlich nicht ermordet", sagt der Museumsleiter und kommentiert: „Munder hat im Prinzip einen Glaubwürdigkeitstrick angewandt und nicht gesagt ‚vor langer, langer Zeit', sondern er hat Ort, Person und Zeit angegeben." Dabei hat er sich freilich auch munter über die Jahrhunderte hinweg bedient und alles fröhlich gemischt. Die Geschichte vom Postmichel sei nicht die einzige gewesen, bei der Munder dieserart verfuhr. „Er erfand Geschichten, die so hätten passieren können, aber sie sind halt nicht passiert. Das lässt sich vielleicht mit historischen Romanen vergleichen. Munder hat praktisch unterhaltende Literatur gemacht." Mit der Geschichte vom

So geht's zum Postmichelbrunnen:

Der Postmichelbrunnen befindet sich auf dem Fischbrunnenplatz an der Kreuzung Innere Brücke / Ritterstraße / Milchstraße / Fischbrunnenstraße.

Postmichel habe er für seine Leser – im 19. Jahrhundert – das Mittelalter lebendig gemacht. „Das Interesse am Mittelalter ist damals erwacht", erklärt Beutelspacher. „Zuvor hatte man es gar nicht wirklich im Bewusstsein. Es begann in dieser Zeit, als die Sage vom Postmichel entstand, eine Wiederentdeckung und Wertschätzung des Mittelalters."

Und nun kommen Oberstaatsanwalt Robert von Hecker und seine Frau Anna ins Spiel. Sie stifteten den Brunnen per Vermächtnis, also posthum, und veranlassten Eberhardt zu seiner Bemerkung, Munder hätte sich ins Fäustchen gelacht, wenn er das noch erlebt hätte. Künstler Emil Kiemlen (1869–1956) meißelte die Geschichte des Postmichels auf den Trog und krönte die Säule mit dem Postreiter und seinem Posthorn. Ob der Postmichel schon bekannt war, bevor die Heckers ihm mit dem Brunnen ein Denkmal setzten? Zu jener Zeit vermutlich schon. „Die Heckers erlebten die Entstehung der Sage quasi mit", sagt Beutelspacher. Und sie fanden sicherlich Gefallen daran, denn, erklärt der Museumsleiter: „Wenn etwas Historisches garniert ist mit einer netten, emotionalen Geschichte, dann ist das natürlich toll und was fürs Herz." Außerdem wollte der Oberstaatsanwalt mit dem Setzen des Denkmals vielleicht auch zu einem sensiblen Umgang mit Recht und Ordnung mahnen. Was auch immer der Ansporn gewesen sein mag: Hätten die von Heckers sich nicht entschlossen, dem Postmichel ein Denkmal zu setzen, dann wäre die Sage heute sicherlich lang schon in Vergessenheit geraten. So jedoch ist sie in Esslingen allgegenwärtig – die Geschichte ihrer Entstehung aber, die kannte kaum jemand – bis jetzt.

26

Thomas Richard Schild vor dem Relief, das an Theodor Rothschild erinnert.

Stolperstein

Er starb für Kinder, die nicht seine waren

Einer wollte noch helfen. Das war der Künstler Hermann Sohn (1895–1971), der, als er am 10. November 1938 am israelitischen Waisenhaus „Wilhelmsstift" vorbeikam, fassungslos mit ansehen musste, wie Nationalsozialisten plünderten, raubten, traten, schlugen, quälten. Hermann Sohn dachte nicht darüber nach, ob er eine Chance hätte gegen diesen bewaffneten Mob. Er stürzte einfach nur hinein in dem brennenden Wunsch zu retten, zu schützen, zu helfen. Doch man ließ ihn nicht durch. Wenn er noch einen Schritt weitergehe, sagte man ihm, schlage man ihn zusammen und er müsse seine Knochen auf dem Bürgersteig zusammensammeln. Hilflos sah der Künstler zu, wie die Nazis Kinder in den Hof trieben, Männer zusammenschlugen und unendliche Angst verbreiteten. Sohn, der in Esslingen so ziemlich jeden kannte, konnte keinen der Männer identifizieren. Kein Wunder. „Es waren ja fast keine Esslinger dabei. Die Angreifer kamen vom Schurwald und von den Fildern. Mit Esslingern hätte das nicht geklappt. Die hätten den Rothschild nicht angefasst, so hohe Achtung hatten sie vor ihm", erzählt der Pfarrer und pensionierte Lehrer Thomas Richard Schild, der sich ausführlich mit der Geschichte dieses Mannes, den keiner anzufassen wagte, beschäftigt hat: Theodor Rothschild (1876–1944). Das sei einer gewesen, sagt Schild, der geliebt wurde. Nicht nur von seiner Frau und seinen Waisenkindern, um die er sich aufopferungsvoll kümmerte. Sondern auch von den Bürgern der Stadt Esslingen, in der sich Theodor Rothschild stark engagierte – als Ehrenvorstand in zahlreichen Vereinen zum Beispiel. Ein Stolperstein vor dem Theodor-Rothschild-Haus setzt ihm heute ein Denkmal. Theodor Rothschild leitete das 1841 gegründete jüdische Waisenhaus. „Dort wohnten", wie Schild erklärt, „keine Waisen im Sinne von elternlosen Kindern, sondern Sozialwaisen. Kinder von Eltern, die sich nicht um sie kümmerten, sie verwahrlosen ließen oder auch schlichtweg mit der Situation nicht klarkamen." Denn nach der Austreibung aus vielen Städten „blieb den Juden die Ausübung fast aller Berufe meistens verwehrt. Da sie zum Geldverleih wegen ihrer Armut

Das Theodor-Rothschild-Haus.

nicht mehr befähigt waren, verlegten sie sich auf den Hausiererhandel", erzählt Schild betroffen. „Wochenlang waren die Männer oft unterwegs, häufig von der Familie begleitet." Theodor Rothschild kümmerte sich zunächst mit seiner Frau Anna, der Tochter des früheren Heimleiters, um die Kinder. Nach ihrem Tod heiratete er Annas Schwester Jenny. Und als er zum zweiten Mal Witwer wurde, Jenny starb an Krebs, ehelichte er die Hauswirtschafterin Ina. Ina gehörte zu jenen Opfern, die Sohn am 10. November 1938 zu retten versuchte. Sie schreibt in ihren Erinnerungen: „Am 10. November 1938 zwischen 12 und 1 Uhr erschienen im Speisesaal mit Äxten und schweren Hämmern bewaffnete Zivilisten und SA-Leute und zwangen uns unter den Rufen ‚Raus mit euch' das Haus zu verlassen und uns hinter dem Gebäude am Komposthaufen zu versammeln. Ein Teil der Kinder floh, die übrigen wurden mit uns von der SA bewacht. Ich persönlich kannte keinen der Leute."

Auch Albrecht Jonas, einer der Lehrer im Waisenhaus, erinnert sich an jene schrecklichen Stunden: „Es war in der 10-Uhr-Pause, als unser Leiter Theodor Rothschild mit verstörtem Gesicht (...) mitteilte, daß die Synagoge in Stuttgart brenne, und danach die Kinder ermahnte, sich sehr ruhig zu verhalten." Wenig später, Jonas war gerade auf seinem Zimmer, sah er durch sein Fenster, „wie sich eine kompakte Menschenmenge, bewaffnet mit Stöcken, Eisenstäben, Äxten, Hämmern, durch den vorderen Hof wälzte. Ich hörte und sah, wie man ins Haus eindrang, Fenster und Türen zerschlug, ich hörte und höre noch immer das Schreien

Der Stolperstein
für Theodor
Rothschild.

und Weinen der Kinder. Einige von ihnen waren erst sechs Jahre alt, und ich konnte ihnen nicht helfen. Man riß die Tür zu meinem Zimmer auf, einer schrie: ‚Hier ist noch einer‘, man packte mich und schleppte mich unter Hieben und Schlägen durchs Haus.“ Auch Jonas erkannte kein einziges Gesicht in der Meute, denn die Meute, das war „nur ein Gesicht: eine Fratze, eine Fratze voll hämischer Freude am Schlagen, an Zerstörung.“

Theodor Rothschild gab nicht klein bei und baute das zerstörte Heim wieder auf. Schild: „Er hat sich richtig ins Zeug gelegt, ich nehme an, mit Hilfe von Esslingern. Nach acht Wochen ist er mit den Kindern wieder eingezogen.“ Lange bleiben konnten die Rothschilds mit ihren Schützlingen dort aber nicht mehr: Kurz vor Kriegsbeginn schickte man sie mit der Begründung fort, man benötige das Gebäude als Lazarett. Theodor und Ina Rothschild widmeten sich der Leitung der jüdischen Schule in Stuttgart und betreuten dort ihre Waisenkinder. „Eine Auswanderung, die ihnen genehmigt worden wäre, lehnten sie ab, solange sie nicht auch die ihnen anvertrauten Kinder in Sicherheit wussten“, erzählt Thomas Schild. Wirklich vor der mörderischen braunen Welle

So geht's zum Stolperstein:

Der Stolperstein befindet sich in der Mülbergerstraße 146 vor dem Theodor-Rothschild-Haus.

schützen konnten sie ihre Schützlinge allerdings nicht: Ein Kind nach dem anderen wurde ins Konzentrationslager gebracht, dem sicheren, grausamen, menschenunwürdigen Ende entgegen. Und am 22. August 1942 wurde auch die Familie Rothschild mit den zehn Kindern, die von den ursprünglich 78 noch geblieben waren, deportiert – ins Konzentrationslager Theresienstadt. Dort gaben die Mitgefangenen Theodor Rothschild den Namen „Rabbi", denn, sagt Thomas Richard Schild, „er kümmerte sich seelsorgerisch unglaublich um die, denen es noch schlechter ging als ihm." Doch selbst die ungeheure Flamme der Nächstenliebe vermag der Tod irgendwann zu löschen: Am 10. Juli 1944 erlag Theodor Rothschild im Konzentrationslager einer Lungenentzündung. Seine Witwe überlebte, sie starb 1991 in den USA.

In Esslingen erinnert der Stolperstein an diesen selbstlosen Mann. Und eine Pelikanfamilie: Ein Relief hängt über einer – allerdings nicht öffentlich zugänglichen – Tür der Kindertagesstätte, die heute im Rothschild'schen Haus beheimatet ist. Es findet sich wohl kaum ein Bild in der Welt der Symbolik, das Theodor Rothschild gerechter werden könnte. Denn der Pelikan ernährt der Legende nach seine Kinder mit seinem eigenen Blut. Er gibt alles, damit sie leben können.

27

Dr. Joachim J. Halbekann
an der Außenmauer der
Allerheiligenkapelle.

Halbversunkene Fenster
Stadtarchiv – oder was in der Erde ruht

Gut. Die Fensterbögen im Erdgeschoss – oder sollte man besser Kel-
lergeschoss sagen? – des Stadtarchivs sind zugemauert. Hindurchsehen
kann man also nicht. Und sie befinden sich teilweise unter der Erde. Was
machen dann aber derart große Fenster für einen Sinn, wenn sie sich
halb unter der Erde befinden? Dr. Joachim J. Halbekann, Leiter des Stadtarchivs, kennt deren faszinierende Geschichte. Und er weiß auch, dass
es im Archivgebäude eine Tür gibt, die sogar zur Gänze unter Tage liegt.
In diesen Mauern, erklärt er, war keineswegs immer das Stadtarchiv
untergebracht. Früher war das Gebäude eine Friedhofskapelle. Das
Gelände um das heutige Stadtarchiv war einstmals der zentrale Friedhof
der Reichsstadt Esslingen, weswegen man noch heute auf Gebeine stößt,
wenn man zu graben beginnt. „Und da bei einem Friedhof logischerweise
viel Material anfällt, hat sich das Bodenniveau über die Jahrhunderte

So geht's zum Stadtarchiv:

Das Stadtarchiv befindet sich am Gcorg-Christian-von-Kessler-Platz 10.

um viele Meter erhöht", sagt er. In einer Broschüre des Stadtarchivs ist dazu zu lesen: „Das ursprünglich ebenfalls von Westen aus begehbare Beinhaus ist demgegenüber mittlerweile unter das Bodenniveau geraten, wodurch das Gebäude in seinen oberen Geschossen erhöht und gleichzeitig seines unteren Geschosses beraubt erscheint." Halbekann konkretisiert: „Man muss davon ausgehen, dass das Bodenniveau ein Stockwerk tiefer lag. Der Zugang zum Beinhaus befindet sich heute ja komplett unter der Erde."

Als Allerheiligenkapelle wird die Friedhofskapelle 1324 erstmals in einer Quelle erwähnt. „Man kann ganz eindeutig aufgrund der architektonischen Formensprache von einer deutlich früheren Errichtung ausgehen", ist sich Halbekann sicher. „Sie stammt vermutlich aus dem zweiten Viertel des 13. Jahrhunderts, also der staufischen Epoche, in der Esslingen unglaublich aufblühte und auch formal zur Stadt erhoben wurde." Kontroversen gebe es darüber, ob das Gebäude tatsächlich als Friedhofskapelle gebaut oder erst später dazu umfunktioniert wurde. „Weil dieses Haus eine ziemliche Größe hat, hat es Spekulationen gegeben, ob es vorher nicht was anderes war. Eine Königshalle zum Beispiel." Halbekann hält diese Spekulationen aber für Unsinn: „Ich glaube, es war von Anfang an eine Friedhofskapelle, da sprechen einige architektonische Merkmale dafür. Dass das Gebäude so groß war, zeugt einfach nur vom damaligen Reichtum der Stadt." Und was sind das für architektonische Merkmale? „Charakteristisch für Friedhofskapellen ist ihre Zweigeschossigkeit. Und dass diese beiden Stockwerke baulich nicht miteinander verbunden sind. Sie haben also getrennte Eingänge auf unterschiedlichen Stockwerken." Im unteren Stock habe man Nachbestattungen vorgenommen, im Obergeschoss befand sich ein Kapellenraum. Nachbestattungen? „Esslingen war eine prosperierende Stadt, es kamen immer mehr Menschen in die Stadt und die sind natürlich auch gestorben. Die Folge war, dass man bei Neubestattungen immer häufiger Gebeine der zuvor hier beerdigten Menschen gefunden hat", erklärt Halbekann. „Und man wollte die Knochen nicht einfach in den Neckar kippen, das wäre pietätlos gewesen."

Deshalb wurden die Gebeine im Beinhaus, dem unteren Geschoss der Kapelle, nachbestattet. Wie genau die Knochen aber aufbewahrt und angeordnet wurden, wisse man nicht.

Im Zuge der Einführung der Reformation 1531 wurde auch die Allerheiligenkapelle aufgehoben. Die Gebeine blieben zunächst noch im Beinhaus. Halbekann geht davon aus, dass das Obergeschoss des Gebäudes einige Jahrzehnte leer stand. 1610, nach einem Umbau, wurden dann erste Akten eingelagert, aber erst seit dem 19. Jahrhundert ist aus der Kapelle endgültig das Stadtarchiv geworden.

Die Friedhofskapelle des Mittelalters, sagt Halbekann, sei „ein hoch bedeutender Ort" innerhalb der Stadt gewesen. Das gemeinsame Gedenken an die Toten habe zur Stiftung einer gemeinsamen Identität unter den Lebenden beigetragen. „Insofern ist es auch eine interessante Wendung, dass genau aus diesem Gebäude das heutige Stadtarchiv geworden ist: Denn als ‚Gedächtnis der Stadt' stiften wir noch heute über die historischen Unterlagen Identität und Gemeinschaftsgefühl für Esslingen."

28

Monika Kusterer erlebte mit diesem
Haus eine angenehme Überraschung.

Alte Kelter
Überraschende Entdeckung nach Hauskauf

Manchmal ist man sich gar nicht bewusst, mit welchen Schätzen man tagtäglich umgeht: So ging es der Weingutfamilie Kusterer mit dem Haus mit seinem spitzen Dach, das sie viele Jahre als Scheune verwendete. Die Winzer hatten keine Ahnung, dass es sich bei dem Haus um das wohl älteste vollkommen erhaltene Kelterhaus Süddeutschlands handelt. Das Gebäude befand sich seit Generationen im Besitz der Familie und war zuletzt stark heruntergewirtschaftet. Mit Genehmigung der verwandten Eigentümer nutzten Hans und Monika Kusterer das Haus als Unterstellmöglichkeit für die Weinanbaugeräte, die im Weinberg eingesetzt werden. „Das war für uns sehr praktisch, eine 200 Quadratmeter große Fläche in unmittelbarer Nähe zu den Weinbergen zu haben", sagt Monika Kusterer. „Wir haben darin aber nie mehr gesehen als eine Scheune." Bis die „Scheune" zum Abbruch freigegeben wurde. Ein Bauträger interessierte sich dafür und wollte darin, wie die Winzerin mit leisem Spott in der Stimme sagt, „Wohnklos" errichten. Damit meint sie kleine Einzimmer-Appartements. Das ging den Kusterers dann doch gegen den Strich. „Auch wenn wir nie wussten, was es ist, war uns die Würde dieses Hauses irgendwie immer bewusst. Wenn man in einem Gebäude arbeitet, dann entwickelt man auch ein Gespür dafür." Also zauderten die Kusterers nicht lange und kauften das Haus. „Und ein paar Wochen später stellte sich dann heraus, dass es sich um ein Keltergebäude aus dem Mittelalter handelt." Monika Kusterer bekommt noch heute eine Gänsehaut, wenn sie an den Moment denkt, in dem das klar wurde. Ihre Neugierde war geweckt, sie recherchierte und fand heraus, dass im 13. und 14. Jahrhundert innerhalb der Stadtmauern sage und schreibe 42 Keltern existierten. „Zwei davon in der Unteren Beutau, und die älteste Kelter war die, die jetzt uns gehört", sagt sie und es klingt ein wenig ungläubig. Im Erdgeschoss des Gebäudes befand sich ein Kelterbaum zum Pressen der Trauben, im Gewölbekeller wurde der Wein ausgebaut. Die oberen beiden Etagen dienten als Getreidespeicher. „Das Besondere an dem

So geht's zur Alten Kelter:

Die Alte Kelter steht in der Unteren Beutau 16, in unmittelbarer Nähe zur Frauenkirche und zu den Weinbergen.

Gebäude ist, dass es keine Zwischenwände oder Stützen gibt, obwohl das Getreide, das in den oberen Stockwerken lagerte, ja sehr schwer war", sagt die Winzerin. Möglich wurde dies, weil im Jahre 1580 ein sogenanntes Spreng- und Hängewerk eingebaut wurde. Das funktioniere so, dass die Lasten, die auf den oberen Speicherböden liegen, durch einen 20 Meter langen Balken in der Mitte abgefangen und auf das Außenmauerwerk übertragen werden, erklärt Monika Kusterer.

Und so sind die Weinliebhaber mehr oder weniger durch Zufall an ein Relikt gekommen, das vor allem an eines erinnert: dass Esslingen mit seinen 778 erstmals urkundlich erwähnten Weinbergen eine der ältesten Weinstädte im heutigen Württemberg ist. Und dass die Weinproduktion bis zur Industrialisierung die Haupteinnahmequelle der Stadt war. Heute sind die Weinanbauflächen nur etwa ein Vierzehntel so groß wie im Mittelalter. 5,5 Hektar davon gehören der Familie Kusterer. Und darauf ist sie ebenso stolz wie auf die Tatsache, dass sie die wohl älteste Kelter Süddeutschlands ihr Eigen nennen darf.

Das Grabsteinmaß von 1344.

Grabsteinmaß
Platzprobleme auf dem Friedhof

Im Mittelalter, sagt der Mesner der Stadtkirche St. Dionys, Klaus Petra, waren Grabsteine noch anders positioniert. Sie standen nicht, sondern lagen teilweise, oder besser: Sie waren direkt in den Boden eingelassen, damit man sie betreten konnte. „Sie wurden so schneller abgenutzt, aber die Abnutzung war beabsichtigt und sollte die Vergänglichkeit des Lebens symbolisieren."

Und dann wuchs Esslingen im 13. und 14. Jahrhundert enorm an, die Wirtschaft florierte, die Stadt platzte buchstäblich aus allen Nähten. Wo Leben ist, ist der Tod nicht fern, der Platz auf dem Friedhof, der die Stadtkirche damals noch umgab, wurde knapp, weswegen ein Grabsteinmaß festgelegt wurde. Anno 1344 wurde das Maß an der Südwand des heutigen Chores in der Stadtkirche samt Inschrift eingehauen. Damals befand sich die Wand im Freien und war direkt dem Friedhof zugewandt. Die Bestatter konnten also direkt vor Ort Maß nehmen. „IST DIU LENGI / BRAITI DER GRAPSTAIN" ist neben den Maßstrichen heute noch zu lesen. „Es gibt eine Urkunde aus dem Jahr 1344, in der die Maße für die Särge genau beziffert sind: Da wird als Maß drei Ellen

101

So geht's zum Grabsteinmaß:

Die Inschrift mit den Linien befindet sich an der Südwand des Chores in der Sakristei der Stadtkirche.

beziehungsweise eine Elle und drei Finger angegeben, was dann Eineinviertel Ellen entspricht", sagt Petra.

Heute gilt das Grabsteinmaß natürlich längst nicht mehr. Grabsteine dürfen inzwischen auch größer sein, über Platzmangel wie im Mittelalter müssen die Esslinger Hinterbliebenen sich keine Gedanken machen. Denn der Friedhof befindet sich nicht mehr auf dem begrenzten Platz neben der Kirche, sondern außerhalb der Innenstadt, und die Grabsteine auf diesem neuen Gottesacker liegen meist auch nicht mehr, sondern stehen aufrecht.

Vergänglichkeit durch die Abnutzung des Grabsteins symbolisieren? Ist heute auch nicht mehr das Thema. Schließlich werden Gräberfelder nach einer gewissen Zeit ohnehin abgeräumt.

Und deshalb ist das Grabsteinmaß mit seiner Geschichte ein schönes Relikt, das für den Wandel im Bestattungswesen steht.

30

Ein eindrucksvolles Bild: die Häuschen auf den Brückenpfeilern. Doch warum laufen sie so spitz zu?

Wellenbrecher

Wasser, Wäsche und eine Wiese

Die entzückenden kleinen Häuschen an der südöstlichen Seite der Inneren Brücke fallen wohl vielen Einheimischen und Besuchern der Stadt positiv auf. Drei winzig kleine Gebäude heben sich reizvoll vor dem Maille-Park ab. Und dann steht da auch noch eine Kapelle. Wenn man die Häuser von unten, sprich, vom Maille-Park aus, betrachtet, dann entdeckt man etwas Merkwürdiges: Sie laufen in ihrem unteren Bereich allesamt spitz zu. Diesen Umstand kann Jutta Bäurle, die bis 2003 auf der Inneren Brücke das Geschäft „Schreibwaren Bäurle" führte, erklären: „Das sind Wellenbrecher." Wellenbrecher? Wozu braucht man Wellenbrecher, wo es keine Wellen gibt? Darüber kann wiederum Stadtführer und Historiker Dr. Oliver Schütz Aufschluss geben: „Inzwischen ist der Neckar gezähmt und kanalisiert worden und fließt nur noch durch zwei der Brückenbögen. Aber früher brauste der Fluss hier ungezügelt durch alle Bögen hindurch." Dank der spitz zulaufenden Elemente an den Häus-

Jutta Bäurle erzählt, dass in diesem Häuschen einst Wäsche gewaschen wurde.

chen wurden die Wellen, wie es der Name schon sagt, gebrochen und prallten also nicht mit voller Wucht auf die Gebäude, sondern wurden geteilt und rechts und links vorbeigeleitet. Das ging vor allem deshalb besonders gut, weil die Häuschen auf den Brückenpfeilern stehen.

Heute ist der Neckar kanalisiert, stürmische Wellen gibt es daher nicht mehr. Die beiden historischen Neckararme, die vom ungezügelten Neckar noch übrig geblieben sind und die den Maille-Park heute einrahmen, heißen Wehrneckar- und Roßneckarkanal und sind zwei der zahlreichen Neckarkanäle, die durch Esslingen fließen. Mit der Kanalisierung hatte man um 1820 im Zusammenhang mit der Industrialisierung begonnen. Bis Ende des 19. Jahrhunderts war die Wasserkraft eine wichtige Antriebsquelle der Industrie.

Oliver Schütz' Beobachtung nach bemerkt kaum jemand, der die Innere Brücke, die aus Ablassmitteln finanziert wurde, überquert, dass es sich tatsächlich um eine Brücke handelt. Zumal die Nordwestseite seit dem 16. Jahrhundert mit hohen Häusern bebaut ist und keinen Blick auf einen Fluss erlaubt. Und auch auf der anderen Seite, in Richtung Park, sieht man keinen Fluss, zumindest keinen, der direkt unter der Stelle, an der der Betrachter der Häuschen steht, hindurchfließt.

Als sie gebaut wurde, sagt Schütz, sei die Brücke, bei der es sich übrigens um eine der ältesten mittelalterlichen Steinbrücken nördlich der Alpen handelt, aber durchaus gleich als solche zu erkennen gewesen, Häuser habe es keine gegeben, nur die kleine Kapelle und die Tore. Tore? Mitten in der Stadt? „Ja", bekräftigt Schütz. „An den Enden der Brücke stand jeweils ein Tor, denn da ging es in die Stadt wieder rein." Schütz fährt mit einem schelmischen Lächeln fort: „Und der Neckar führt ja – für die Esslinger gruseliger Weise – an Stuttgart vorbei. Er war also ein mögliches Einfalltor für den freundlich-feindlichen Nachbarn und musste gesichert werden." Außer den Toren stand auf der Brücke sogar noch ein Turm, der Brückenstaffelturm, auch er war dazu da, die Stadt vor möglichen über den Neckar kommenden Angreifern zu verteidigen. Noch heute sind die Fundamente des Turms zu sehen – im unteren Bereich des Gebäudes, in dem die Buchhandlung T.H. Schmidt beheimatet ist.

Wenn der Neckar Gefahren mit sich brachte, so spülte er doch auch Wohlstand in die Stadt. „Dem Neckar und seinen Brücken verdankt sie einen Teil ihres Reichtums im Mittelalter", sagt Schütz. Esslingen lag verkehrspolitisch günstig an einer der wichtigsten Fernstraßen. Hier konnte man leicht den Neckar überqueren. Das brachte den Handel in die Stadt.

Einen netten Randaspekt weiß Jutta Bäurle zu berichten: Nachdem der Neckar kanalisiert war, bleichte man im Maille-Park Wäsche. Dort, wo

---

So geht's zu den Wellenbrechern:

Die Wellenbrecher sieht man am besten vom Maille-Park aus. Man erreicht den Maille-Park, wenn man von der Inneren Brücke aus die Stufen neben der Kapelle hinabsteigt. Das einstige Waschhäuschen kann man von dort aus gut erkennen. Es steht unterhalb der Kapelle direkt am Ufer.

sich die Esslinger heute entspannen, wurde einst also schwer geschuftet. Bäurle erzählt, dass das kleine Häuschen, das im Maille-Park etwas unterhalb der Kapelle direkt am Neckar steht, früher ein Waschhäusle war. „Das Waschhäusle wurde von den Bewohnern der Inneren Brücke genutzt, denn die hatten ja keine Waschküche, weil ihre Häuser auf Pfählen über dem Wasser standen und somit keinen Keller hatten", erklärt die Einzelhandelskauffrau. Wer das Waschhäusle nutzen wollte, musste sich in eine Liste eintragen – einmal alle vier Wochen hatte eine Familie das Recht zu waschen. Getrocknet wurde die Wäsche dann auf dem Speicher und gebleicht eben auf jenen Wiesen. „Im Sommer hat man die Wäsche auf den Wiesen ausgelegt, aber natürlich ist hier auch Schindluder getrieben worden", erzählt sie schmunzelnd. „Manchmal sind die Jungs drauf rumgetrampelt."

Das älteste Bauwerk auf der Brücke ist die um 1300 errichtete Nikolaus-kapelle. Die Tatsache, dass die kleine Kapelle dem Heiligen Nikolaus geweiht ist, hängt eng mit ihrem Standort am Wasser zusammen. Doch dieses Geheimnis haben wir schon auf Seite 44 erzählt.

31

Heidi Gassmann vor dem
Haus ihres Großvaters.

Schieferhaus
Ein Mann und seine sieben Töchter

Dass dieses Haus eine rätselhafte Geschichte hat, sieht man auf den
ersten Blick. Es ist, für Esslingen recht untypisch, komplett mit Schiefer
vertäfelt und an den unterschiedlichsten Stellen wächst buchstäblich
etwas aus ihm heraus, kleine Gauben zum Beispiel, die oben aus dem
Dach ragen und eher Türmchen gleichen. Und in der Tat kam das Haus,
dem in der Liste der Kulturdenkmale „durch seine abwechslungsreiche
Gestaltung ein malerisches Erscheinungsbild" bescheinigt wird, durch
eine rührende Geschichte zu seinem ungewöhnlichen Aussehen. Denn
der Besitzer, Schieferdeckermeister Karl Kaiser, hing so sehr an seinen
sieben Töchtern, dass er sie, selbst als sie erwachsen waren und Familien
hatten, im Haus behalten wollte. Und damit sie es schön hatten, baute
er auch mal was dran und drum, ohne Genehmigung, versteht sich.
Dieser Mann war der Großvater von Stadtführerin Heidi Gassmann.

Weist eine interessante Architektur auf: das Schieferdeckerhaus.

„Mein Großvater kam als junger Geselle aus Thüringen auf der Walz nach Esslingen", erzählt sie. „Und er hat sich immer gewundert, dass hier kein Schiefer verarbeitet wird. Das liegt daran, dass es hier keinen geeigneten Schiefer zum Decken gibt, er blättert ab, während der Schiefer aus dem Thüringer Wald viel fester ist", erklärt seine Enkelin heute. Und als Karl Kaiser sich dann auch noch verliebte – in die schöne Marie, die damals Dienstmädchen bei einer reichen Esslinger Familie war, da sagte er: „Marie, warte auf mich, und wenn ich wiederkomme und Meister bin, dann werden wir heiraten und machen hier ein Schiefergeschäft auf und das wird etwas werden, weil die Leute das ja gar nicht kennen, da bin ich dann der erste." Karl Kaiser hielt Wort, kehrte zurück, heiratete im Jahr 1888 seine Marie, kaufte zwei direkt nebeneinanderliegende Häuser, verband sie durch ein Treppenhaus und deckte sie mit Schiefer. Das erste Kind des Ehepaars, ein kleiner Junge, starb im Alter von drei Jahren an Hirnhautentzündung. „Und dann kamen die Töchter. Wahrscheinlich hat er immer auf einen Sohn gewartet, es sind dann aber sieben Töchter geworden", sagt Heidi Gassmann. Die jüngste Tochter war ihre Mutter. „Und weil er schon so viele Kinder hatte, fand er für sie keinen Paten mehr. Meine Großmutter ist ganz hipfelig geworden." Als am Tauftag immer noch kein Pate bereitstand, ging Karl Kaiser in den Maille-Park und kam mit einem Landstreicher, der in etwa seine Statur hatte, zurück. Man wusch und kämmte den Mann, steckte

So geht's zum Schieferhaus:

Das Schieferhaus steht in der Franziskanergasse 17.

ihn in einen Anzug von Karl Kaiser und ging mit ihm in die Kirche, wo die Taufe stattfand. Der neue Pate blieb noch zum Festmahl. Doch danach war er plötzlich verschwunden. Mitsamt den Schuhen, den Strümpfen, dem Anzug und dem Hut des Täuflingsvaters. „Alle haben sich aufgeregt. Der Großvater war aber immer cool, der hat gesagt: ‚Jetzt gönnt doch auch einmal so einem armen Teufel einen schönen Tag und ein gutes Essen und meine Kleider, da werde ich auch nicht ärmer davon.' So war er, der Karl Kaiser. Er hat auch selten Geld bei seinen Schuldnern eingetrieben. Karl Kaiser konnte sich seine Großzügigkeit leisten. „Schließlich war er der Einzige in der Region, der Thüringer-Wald-Schiefer bezogen hat, aus den Steinbrüchen seiner Verwandtschaft." Der siebenfache Vater war gut im Geschäft: Er deckte auch Kirchen in Esslingen und der Umgebung. Und deshalb konnte er sich nicht nur Großzügigkeit gegenüber Fremden erlauben, sondern er konnte sein Haus auch für seine Töchter erweitern. „Für meine Tante Gertrud hat er das Dach gelupft, damit die Gertrud eine gerade Stube hat", sagt Heidi Gassmann. Eine Baugenehmigung hatte Kaiser aber nicht eingeholt und musste Strafe zahlen. „Und dann hat er gesagt: ‚Ach das bezahle ich doch gern, dafür hat die Gertrud eine schöne gerade Stube. Das ist ja egal.'" Noch heute ist auf der rechten Hausseite deutlich zu erkennen, wo Karl Kaiser das Dach für seine Gertrud hob.

Auch Heidi Gassmann wuchs in dem mit Schiefer vertäfelten Gebäude auf. Sie erinnert sich noch daran, dass der Großvater der Großmutter einen Stuhl auf einem Podest direkt am Fenster baute, damit sie hinausschauen konnte. „Und dann hat sie immer gesagt: ‚Leute kommt gucken, da ist a Solchena.'" Heidi Gassmann wusste natürlich nicht, dass die Großmutter mit „a Solchena" eine Prostituierte meinte. Aber sie guckte trotzdem und betrachtete interessiert „a kurz' Röckle und Stöckelschuh".

32

Werner Mey am Eingang des Heppächer 3. Heute sind die Türen für die jüdische Gemeinde wieder offen.

Synagoge
Stunden voller Grauen

„So etwas Narrets machen wir nicht!" Diesen Satz soll Kreisleiter Eugen Hund gedonnert haben, als er am Morgen des 10. November 1938 einen Vermerk auf seinem Schreibtisch vorfand, in dem er angewiesen wurde, die Esslinger Synagoge in Brand zu setzen, nachdem am Vortag in der Reichspogromnacht in anderen Städten zahlreiche jüdische Gebetshäuser zerstört worden waren. Ob Hund sich gegen die Unmenschlichkeit dieses Vorhaben wehrte oder ob er schlichtweg Angst hatte, dass das Feuer auf die umliegenden Gebäude übergreifen und einen Stadtbrand wie anno 1701 (siehe Geheimnis 43) entfachen könnte – darüber scheiden sich im Nachhinein die Geister. Trotz seiner spontanen Weigerung konnte er sich der Anweisung wohl nicht komplett widersetzen. Und so beauftragte er den Kreisobmann der Deutschen Arbeitsfront (DAF) Emil Veil, auf dem Marktplatz eine antijüdische Kundgebung abzuhalten. Weder Veil noch Hund waren allerdings bei der Kundgebung dabei. Wie der Esslinger Werner Mey, der sich ausgiebig mit der jüdischen Geschichte befasst hat, sagt, waren bei dieser Kundgebung wohl einige „Scharfmacher" mit von der Partie – im Laufe der Versammlung wurde beschlossen, die Synagoge und ein israelitisches Waisenhaus zu zerstören (siehe Geheimnis 26). Die Meute zögerte nicht lange, ihren grausamen Plan umzusetzen.

Die damalige Hausmeisterin der Synagoge schreibt über den Überfall: „(...) kam ein Haufe schreienden Volkes zur Synagoge in Esslingen, Heppächerstr. 3. Der Anführer war ein gewisser O. Er klopfte an die Tür, schreiend: Jehova, öffne die Tür, oder Du wirst heute gehängt. Der Haufe kam herein und zerstörte mit Hämmern und Werkzeugen die großen Türen zum Gebetsraum und plünderte alle Sorten von religiösen Gegenständen, Büchern und Wertgegenständen." Werner Mey erzählt: „Sie wollten das Gebäude auch anzünden, da ist einer schon unterwegs gewesen und hat Petroleumkanister geholt." Und im Bericht heißt es: „Der Dachdecker-Unternehmer B., der auch unter den Anführern war, wollte Petroleum aus dem Laden von B. holen, um die Synagoge anzu-zünden. Man verweigerte, ihm dieses zu geben. Herr F., ein Nachbar der Synagoge, sagte, er gestatte es nicht, daß Feuer angelegt werde. Der Volkshaufe nahm dann vieles aus der Synagoge (...) und verbrannte diese(s) auf dem Platz."

Die Verbrennungen fanden dort statt, wo heute der Zwiebelbrunnen steht.

Jahrzehnte später, genauer gesagt 1970, hat Werner Mey sich auf die Suche nach den Überlebenden des schrecklichen Ereignisses gemacht und sie alle gefunden. 25 Mal ist er insgesamt nach Israel gereist, aus einem ersten Treffen wurden enge Bande, entstanden innige Freund-schaften.

Die jüdische Gemeinde, die im „Dritten Reich" auf so menschenunwür-dige und grauenvolle Weise zerstört wurde, hatte sich seit 1806 in Esslingen gebildet. Auf der Suche nach einer Synagoge hatte sie zunächst einen Betraum angemietet. „Man weiß nicht mehr genau, wo er war, vermutlich in der Nähe des Heppächer", sagt Werner Mey. Im Bericht der Esslinger jüdischen Gemeinde von 1820 steht dazu: „Seit der im Jahr 1806 allhier geschehenen Niederlassung war zu einem Bethaus ein Wohnzimmer in einem bürgerlichen Haus gemiethet, und dieses nothdürftig zu seinem Zweck eingerichtet." Doch dann ging diese Ära zu Ende: „Dieses konnten wir nicht mehr miethen, weil der Eigent-hümer nicht geneigt war (...)." Die jüdische Gemeinde machte sich auf die Suche nach einem anderen Haus zur Miete, in dem sie ihre Synagoge einrichten konnte – erfolglos: „Und ein anderes konnten wir nicht bekommen, weil nicht jedermann die mit unserem Gottesdienst ver-bundenen Gebräuche angenehm sind." Der jüdischen Gemeinde blieb also nichts anderes übrig, als nach einem Haus zu suchen, das sie käuflich erwerben konnte. Sie fand auch tatsächlich eines: ein ehema-liges – nach Osten ausgerichtetes – Zunfthaus der Schneider, das ein gewisser Jakob Rayher im Jahre 1805 für 760 Gulden kaufte und 1819 für 1650 Gulden an die jüdische Gemeinde veräußerte. „Das ist brutal", kommentiert Werner Mey die Preissteigerung. Die Mitglieder der jüdi-schen Gemeinde seien ob des hohen Kaufpreises dann auch lange Zeit knapp bei Kasse gewesen, was in der sehr einfachen Einrichtung der

Synagoge zum Ausdruck gekommen sei. Dennoch lebten sie rund 150 Jahre in Harmonie mit ihren christlichen Nachbarn. Bis die Horrorherrschaft der Nazis alles vernichtete – den Anfang machte die Zerstörung der Synagoge. Später fanden auch Deportationen statt, die Juden mussten sich am Hafenmarkt sammeln und wurden von dort aus zu den Zügen gebracht, die in den Tod fuhren. „Die Menschen sind zum Bahnhof geführt oder vielleicht auch getrieben worden und wurden nach Stuttgart gebracht", erzählt der Kenner der jüdischen Geschichte, Gerhard Voß, betroffen. Zunächst hätten sie dort noch für ihre „Unterkunft" und die Zugfahrt bezahlen müssen, ihres Gepäcks habe man sie beraubt, indem man den Gepäckwagen einfach abkoppelte. „Und dann ging es in die Vernichtungslager. Ich finde es wichtig, dass man sich, wenn man hier am Hafenmarkt steht, bewusst macht, dass dieser Platz mit dem schrecklichen Ende jüdischen Lebens hier in Esslingen gleich zweimal verbunden ist."(siehe Geheimnis 41)

> **So geht's zur Synagoge:**
>
> Die Synagoge befindet sich im Heppächer 3.

Kann eine derart tragische Geschichte ein gutes Ende nehmen? Vermutlich nicht, denn die Verbrechen, die an der jüdischen Bevölkerung begangen wurden, können nie gesühnt werden. Nennen wir es daher eine würdige Erneuerung jüdischen Lebens in Esslingen, dass die Mauern des Hauses Heppächer 3 seit 2012 wieder eine Synagoge beheimaten.

33

Dr. Christian Ottersbach zeigt auf die Aussparungen, in die die Prellbalken eingelegt wurden.

Wehranlage

Wie eine „Burg" zu ihrem Namen kam

Jeder, der schon einmal in Esslingen war, kennt sie. Und jeder hat sie schon einmal bewundert: die Burg, die sich stolz und schön über der Stadt erstreckt und die 1314 erstmals urkundlich erwähnt wurde. Und jetzt geht Dr. Christian Ottersbach, promovierter Kunsthistoriker, her und erklärt: „Diese Burg ist gar keine Burg." Wie er zu diesem erstaunlichen Schluss kommt? „Eine Burg ist ja ein Wohnsitz eines Edlen, eines Adeligen, und auf der Esslinger Burg hat weder ein Ritter noch ein Graf noch ein König jemals gelebt." Das wisse man aus den Quellen, das lasse sich aber auch daran erkennen, dass es innerhalb der Burg quasi keine Wohnanlagen gibt. Lange Zeit habe man die Burg auch nicht Burg genannt: „In den mittelalterlichen Quellen taucht sie als Pferrich auf. Das ist ein umschlossenes oder ummauertes Areal." Die Schießscharten in ihren Mauern sind auf den Berg im Norden der Stadt gerichtet. „Denn der Berg stellte eine Bedrohung für die Stadt dar", erklärt der Kunsthistoriker. „Man konnte von dort oben vortrefflich mit Brandpfeilen auf die Stadt schießen." Und da im 13. Jahrhundert die meisten Häuser noch mit Holzschindeln oder Stroh gedeckt waren, hätte es ohne Frage innerhalb kürzester Zeit ein flammendes Inferno gegeben, wenn der Feind wirklich brennende Geschosse eingesetzt hätte. Die Burg sei Teil der Stadtbefestigung gewesen. Sie war durch eine Art Schildmauer, den heutigen Seilergang, über seitliche Schenkelmauern mit der inneren Stadtbefestigung verbunden. „Und vor dieser Mauer hat man einen möglichst tiefen Graben ausgehoben, um die Annäherung des Feindes zu verhindern", beschreibt Christian Ottersbach. „Wenn man die Mauer genauer betrachtet, stellt man aber schnell fest, dass sie nicht aus einem Guss ist, sondern aus mehreren Bauphasen mit unterschiedlichen Steinformaten besteht." Zum Großteil, meint der Experte, stammten die Quader vermutlich aus der Stauferzeit. „Und dann hat man anscheinend sukzessive weitergebaut, ganz so, wie der Bedarf und das Geld da waren." Faszinierend findet der Kunsthistoriker die Verteidigungsvorrichtungen für Feuerwaffen im Wehrgang: „Im 14. Jahrhundert kommen ja Feuerwaffen

Der „Dicke Turm".

auf, zum einen Handfeuerbüchsen, zum anderen Kanonen." Um diese ideal bedienen zu können, wurden im 15. Jahrhundert in den Schießscharten kleine Vorrichtungen angebracht, in die man viereckige Kanthölzer einlegen konnte. „Das waren sogenannte Prellbalken", erklärt Ottersbach. „Und die dienten dazu, die Handbüchsen einzuhängen. Sie hatten einen angeschweißten Haken am Lauf, der ist ganz wichtig, weil der Rückstoß dieser mittelalterlichen, schweren Waffen so groß ist, dass er ein Schulterblatt zertrümmern kann." Von den Hölzern ist freilich nichts mehr übrig geblieben. Aber an den Rändern der Schießscharten sind noch kleine Aussparungen zu sehen, in denen sie lagen.

Bei Chronist Dionysius Dreytwein ist nachzulesen, dass die Burg – nennen wir sie einfach mal so – im Jahr 1519 eine wichtige militärische Rolle spielte. „Die Esslinger haben sich ja ab dem 13. Jahrhundert regelmäßig mit den gefährlichen, durchaus aggressiven Nachbarn, nämlich den Grafen und schließlich den Herzögen von Württemberg herumschlagen müssen", erzählt Ottersbach. „Einer, der eine besonders aggressive Politik führte, war Herzog Ulrich, der im Jahr 1519 unter einem nichtigen Vorwand die Reichsstadt Reutlingen überfiel, einnahm und schließlich in Reichsacht fiel." Der Schwäbische Bund habe gegen ihn mobil gemacht, denn „die Esslinger waren Teil des Schwäbischen Bundes, und Ulrich versuchte möglichst militärische Fakten zu schaffen, um sein nun bedrohtes Herzogtum zu retten."

Dreytwein berichtet, dass die Esslinger, gewarnt durch einen Spion in Reutlingen, in aller Eile in einer einzigen Nacht einen Weg durch den Burgweinberg zur Schildmauer anlegten, um ihr schweres Geschütz zur

Burg hinaufbringen zu können. Die Mühe sollte sich lohnen, denn als Herzog Ulrich mit seinen Mannen und seinen rund 350 Kanonenkugeln auf den Ebershalden erschien, wurde er von den Esslingern bereits erwartet.

„Die Württemberger – so wird behauptet – haben unter anderem mit Feuerkugeln oder glühenden Metallkugeln auf die Stadt geschossen. Die Esslinger haben in aller Eile auf ihre Dächer feuchten Mist geschaufelt, damit die Kugeln darin, wenn sie aufschlagen, verlöschen und es keine Brandkatastrophe gibt", erzählt der Kunsthistoriker fasziniert. Und tatsächlich gelang es der Neckarstadt, der württembergischen Belagerung standzuhalten, bis das Entsatzheer des Schwäbischen Bundes zur Unterstützung anrückte und Herzog Ulrich die Flucht ergreifen musste.

In den Folgejahren erweiterten die Esslinger die Befestigungsbauten um eine Zwingeranlage, große Geschütztürme und um die „Schütt", besser bekannt als Kanonenbuckel, um von hier aus das nördlich gelegene Gelände im Notfall unter Feuer nehmen zu können. Und die Kanonenkugeln des Feindes, den sie siegreich in die Flucht geschlagen hatten, setzten sie in die Außenmauer des Dicken Turmes – und zwar so, dass man sie von den Ebershalden aus gut sehen konnte. Klares Signal für potentielle weitere Angreifer: Hier lebt ein wehrhaftes Volk! „Sie wollten damit sagen: ‚Ihr könnt uns so lange beschießen wie ihr wollt, eure Kugeln bleiben einfach in unseren Mauern stecken‘", erklärt Ottersbach.

Und es scheint geholfen zu haben. Nach der Belagerung von 1519 fand kein weiterer großer Angriff mehr auf Esslingen statt, die ausgebaute Burg wurde nie von feindlichen Scharen bedrängt. Die Esslinger hatten gesiegt und blieben fortan von den Württembergern militärisch unbehelligt.

So geht's zur Wehranlage (Burg):

Von der Oberen Beutau aus führt rechterhand die steile Burgsteige den Berg hinauf. Man kann die „Burg" auch über die Burgstaffeln erreichen, die etwas weiter hinten von der Oberen Beutau abzweigen, allerdings sind sie nicht weniger steil.

34

Die Historikerin Sabine Schaible erzählt
die Geschichte der Margaretha Übelin,
die die Stadt durch dieses – heute
zugemauerte – Tor verlassen musste.

Zugemauertes Tor
Grausame Handlungen verzweifelter Frauen

Um die Esslinger Stadttore spinnen sich sicherlich viele Geschichten – auch lustige. Doch eine dieser Geschichten ist so tragisch, so grausam und unfassbar, dass man sie eigentlich gar nicht erzählen möchte. Aber sie gehört nun mal dazu zu Esslingens Vergangenheit. Es ist die Geschichte von Frauen, die ihre Kinder töteten, teils auf sehr grausame Art und Weise. In den Akten wird von Kindsmörderinnen berichtet, wie zum Beispiel von Barbara Schreierin, die 1517 ihr „lebendig geborn kind alsbald auff dz haupt gesessen und das ersteckt" hat, von einer Agnes Pfaff (1547) und einer Anna Storkher (1589), die beide „im heilig creutz gumpen" ertränkt wurden, was zur damaligen Zeit eine durchaus übliche Todesstrafe für Kindsmörderinnen war.

Und es gibt die Geschichte von Margaretha Übelin und ihrem Kind, die auch den damaligen Chronisten des Esslinger Blutsbuchs II sehr bewegt haben muss. Denn im Vergleich zu anderen, teils recht emotionslos vermerkten Taten, ist diese sehr genau beschrieben. Auch die Historikerin und Begründerin der Esslinger Erlebnisführungen Sabine Schaible ist zutiefst betroffen, wenn sie die Geschichte erzählt. „Margaretha war nicht verheiratet, als sie schwanger wurde, und eine uneheliche Schwangerschaft galt damals als große Schande", sagt sie. Die junge Frau gab den Namen des Kindsvaters auch nicht preis, wurde „mit Ruten gestäupt" – was bedeutet, dass sie mit auf den Rücken gebundenen Händen öffentlich ausgepeitscht wurde. Nach der Urteilsverkündung wurde sie vom Rathaus „uber bed prucken fur dz hl. creitz thor mit rutten hinauß-streicht und schlahet" aus der

> **So geht's zum Tor:**
>
> Das heute zugemauerte Pliensautor steht auf der Pliensaubrücke. Diese erreicht man, wenn man die Innere Brücke und die Pliensaustraße in Richtung Bahnhof geht.

Durch dieses Tor musste Margaretha Übelin die Stadt verlassen.

Stadt Esslingen vertrieben und musste in die Ungewissheit hinausgehen. „Sie musste die Stadt über die Pliensaubrücke durch das Heilig-Kreuz-Tor verlassen und durfte sich nur noch jenseits von Rhein und Donau aufhalten", sagt Sabine Schaible. „Oft war es so, dass schwangere Frauen, die vertrieben wurden, nie mehr aufgetaucht sind." Margaretha aber kehrte – noch in schwangerem Zustand – heimlich zurück und wurde von ihren Eltern versteckt gehalten. „Es war für Margaretha vermutlich die einzige Möglichkeit zu überleben. Wo hätte sie auch hin sollen? Eine Schwangere hätte niemals irgendwo Arbeit gefunden", macht die Erlebnisführerin das Dilemma der jungen Frau klar. Margaretha kehrte also zurück, gebar ihr Kind am 15. Juli 1672 und tötete es dann auf eine unbeschreiblich grausame Weise. „Die Frau muss einfach durchgedreht sein", kommentiert die Historikerin betroffen. „Der ganze Hass und die ganze Wut, die sich in ihr aufgestaut hatte, ihre Verzweiflung, hat sich vermutlich an diesem Kind, dem unschuldigen Wesen, entladen."

Margaretha Übelin versteckte die Leiche ihres Kindes in einer Latrinengrube. Wie man sie der Tat überführte, ist nicht überliefert. „Ich nehme an, dass die Nachbarn sehr wohl bemerkt hatten, dass sie zurückgekehrt war. Und irgendwann hat man sich dann wohl gefragt, wo das Kind ist, wo Margaretha doch sichtbar nicht mehr schwanger war." Oder man hat das arme kleine Menschenkind in seinem unwürdigen Grab entdeckt. Mehrere Monate nach der Geburt, am 14. Februar 1673, musste Margaretha Übelin durch das Schwert sterben.

Barbara Schreierin hingegen hatte Glück gehabt. Obwohl der Rat damals entschied, dass sie lebendig begraben werden sollte, bat ein Schustergeselle darum, die Kindsmörderin heiraten zu dürfen, und rettete damit in letzter Sekunde ihr Leben: Barbara Schreierin hatte sich bereits auf dem Weg zum Richtplatz befunden, als er den Antrag stellte.

35

Archivarin Ursula Kümmel vor dem Schlossbergerschen Haus.

Wappen

Ein grausamer Inquisitor

Mitte des 17. Jahrhunderts gab es eine folgenschwere Hochzeit. An das, was damit begann, erinnert in gewisser Weise das Schlossberger Wappen über der Eingangstüre des Hauses Webergasse 12: Ursula Dorothea Schlossberger, Spross einer der wohlhabendsten Familien Esslingens, ging den Bund der Ehe mit Daniel Hauff ein, der durch diese Einheirat in eine Patrizierfamilie die Möglichkeit bekam, in reichsstädtische Dienste einzutreten. Ob es Kalkül war, dass er Ursula Dorothea Schlossberger ehelichte? Ob sie für ihn Mittel zum Zweck war, seine sadistischen Pläne in die Tat umzusetzen? Wissen kann es heute keiner mehr, aber es ist sehr wahrscheinlich, zumal man dem grausamen Mann später auch homosexuelle Neigungen vorwarf, gegen die er angekämpft haben mag und denen er ein Ventil verschaffte, indem er gegen Männer besonders grausam vorging: „Daniel Hauff, der seine Karriere als Ratsadvokat begann, entpuppte sich rasch als gnadenloser Hexenverfolger, der mit unvorstellbarer Grausamkeit ans Werk ging", erzählt Stadtarchivarin Ursula Kümmel. In seiner vierjährigen Amtszeit sprach er für 23 Männer und 14 Frauen das Todesurteil. „Und eben das, die Aussprechung des Todesurteils gegen so viele Männer, ist ungewöhnlich, wird die Hexerei doch im allgemeinen eher Frauen als Männern zugeschrieben." Gleich Daniel Hauffs erster Fall, der des 16-jährigen Hans Elsässer, stand im Zusammenhang mit Homosexualität: Hauff verurteilte einen Knaben, der gestand, vom Teufel besessen gewesen zu sein. Was in gewisser Weise stimmt – als Kind war er mehrfach von einem Knecht vergewaltigt worden – und dass er diesen Knecht als Teufel empfunden haben mag, ist nur zu verständlich. Daniel Hauffs Hexenverfolgung begann also gewissermaßen mit einem Fall homosexueller Pädophilie, wobei aber nicht der Täter, sondern das Opfer bestraft wurde. Ein kleines, grausames Detail zum Fall Hans Elsässer: Seine Eltern baten darum, dass man ihn gleich hinrichten möge, da sie den langen Gefängnisaufenthalt nicht bezahlen konnten. Denn die Familien der Verdächtigen mussten für die Inhaftierung aufkommen

Das Wappen der Schlossberger Familie – in die einer der grausamsten Inquisitoren einheiratete.

und die dauerte teilweise lang. Zumal man drei Mal foltern durfte, um ein Geständnis zu erzwingen – denn getötet wurde nur, wer geständig war – und es teilweise lange dauerte, bis sich die Verdächtigen von der Folter erholten. „Erholt" mussten sie aber sein, bevor man sie erneut den Qualen unterzog. Nach einem von Kaiser Karl V. (1500–1558) erlassenen Gesetz durften Schwangere und Kinder unter 15 Jahren nicht gefoltert werden. Das Gesetz besagte auch, dass, wer nach dreimaliger Folter noch nicht gestanden hat, nicht mehr gefoltert werden darf, aber die Stadt verlassen muss. So erging es der armen Agnes Henk: Auch nach dreimaliger Folter stritt sie ab, eine Hexe zu sein, und wurde aus der Stadt verbannt. Ihre kleinen Kinder musste sie in Esslingen zurücklassen, ihr Bittgesuch, zurückkehren zu dürfen, wurde abgelehnt, „damit das ärgernuß verhütet und junge leuth nicht von ihrer boßhaitt möchten angestökhet werden".

Zurück zu Daniel Hauff und seiner Unerbittlichkeit: Anfangs war man in Esslingen von seinem Tatendrang noch durchaus beeindruckt. Schnell siegte dann aber das Entsetzen über sein gnadenloses Vorgehen und man wollte ihn, lapidar gesagt, loswerden. Doch so schnell konnte man sich seiner nicht entledigen, und so trieb er in Esslingen vier Jahre lang sein Unwesen, bis er

So geht's zum Schlossbergerschen Haus:

Das Schlossbergersche Haus steht in der Webergasse 12. Das Wappen befindet sich über der Eingangstüre.

1665 starb. Und zwar, wie Ursula Kümmel sagt, „unter mysteriösen Umständen". Es gibt die Vermutung, dass Daniel Hauff von der Frau umgebracht wurde, die ihm das Jawort gegeben hatte. Die Stadtarchivarin bezweifelt das aber: „Ich glaube nicht, dass seine Frau ihn getötet hat." Es gebe auch die Überlegung, ob der Stadtrat ihn ins Jenseits befördert haben könnte. Schließlich machte Hauff, der anfangs nur Männer und Frauen, die außerhalb Esslingens lebten, verfolgt hatte, schon bald nicht mal mehr vor der städtischen Elite Halt: Als die Gattin des Stadtrats Schauer von ihrer Magd als Hexe angeklagt wurde, rückte die Hexenverfolgung in bedrohliche Nähe des ehrsamen Rats und war nicht mehr nur Sache der anderen. Und da es Hauff ja augenscheinlich vor allem auf Männer abgesehen hatte, sorgte sich vielleicht manch ein Ratsmitglied um seine Haut. „Da der Rat Hauff bei seinem Amtsantritt aber gewissermaßen ein ‚Sondergericht' eingeräumt hatte, das ihn weitgehend unangreifbar machte, konnte er nicht viel tun, um ihn loszuwerden", erklärt die Stadtarchivarin. Verschiedene Möglichkeiten suchte der Rat, um sich des strengen Inquisitors zu entledigen: Man wollte ihn zum Beispiel noch 1665 in den geheimen Rat einbinden, forderte allerdings von ihm, das „Malefitz-Wesen" zuvor zu beenden. Doch erst der Tod konnte Hauff daran hindern, seine grausamen Verfolgungen weiterzuführen. Günter Jerouschek schreibt dazu: „Ende September war Hauff – gerade wieder mit neuerlichen Inquisitionen befaßt – von einer ‚Leibsunpässlichkeit' befallen worden, die ihn aufs Krankenlager nötigte. Am 12. Oktober beschloß der Rat – die Entscheidung war gewiß schon früher im Kreise der Geheimen gefallen – Hauffs Genesung gar nicht erst abzuwarten, sondern ihn abzulösen und durch den unprätentiösen Johann Philipp Weickersreuther zu ersetzen." Das, meint der Autor, wirke so, „als habe man darauf gesetzt, wenn nicht darum gewußt, daß Hauff sich von seiner Unpässlichkeit nicht mehr erholen würde (und sich seiner) mittels eines ‚veneficium' (Gift) zu entledigen." Schon wenig später ließ der Rat „das gesamte Konvolut an Akten in Hexensachen", das Hauff in seiner Privatwohnung gehortet hatte, „zu dem archivo zurückzufordern".

Hauff hinterließ der Stadt ein blutiges Erbe: Nach seinem Tod mussten noch drei Hinrichtungen vorgenommen werden. Er hatte die Ablehnung des dafür zuständigen Consiliums Tübingen nicht akzeptiert und die Akten nach Straßburg geschickt, um sich dort ein juristisches Gutachten einzuholen – die Straßburger waren deutlich strenger als die Tübinger. Wer weiß: Hätte die Schlossbergerin einen Mann von Tübinger Gesinnung geheiratet, wäre das grausame Kapitel der Hexenverfolgungen in Esslingen vielleicht weitaus harmloser geschrieben worden.

Durch „Dick" und dünn schnippelt sich Meisterkoch Jörg Ilzhöfer mit Dick-Messern. Im Hintergrund ist der Dick-Turm zu sehen.

Dick-Turm
Messer und ein begeisterter Koch

Ob mit dem Auto oder mit der Bahn: Wer von Stuttgart nach Esslingen fährt, der kommt nicht umhin, ihn zu bemerken, den riesigen Turm mit der Aufschrift „Dick", der nachts sogar beleuchtet ist. So

So geht's zum Dick-Turm:

Den Dick-Turm kann man besonders gut von der Pliensaubrücke, den Weinbergen und der Burg aus sehen. Das Einkaufs- und Erlebniscenter „Das Dick" befindet sich in der Kollwitzstraße 1.

ziemlich jeder Esslinger kennt das Dick-Areal als Erlebniszentrum, doch nur wenige der jüngeren Generation wissen, wer dieser Dick, nach dem das Areal benannt ist, eigentlich ist. Einer weiß allerdings mehr! Das ist der Esslinger Profi-Koch Jörg Ilzhöfer, der in seiner Event-Kochschule am Hafenmarkt die komplette „Dick Messerserie" besitzt und voller Überzeugung schwört: „Das sind die besten Messer, und sehr viel ist noch von Hand gemacht!" Jörg Ilzhöfer ist nicht nur von der Qualität der Messer begeistert. Auch die Firmengeschichte hat es ihm angetan. Und die geht so: Der Esslinger Feilenhauer Johann Friedrich Dick (1754–1817) hatte im Jahre 1778 nach mehreren Jahren der Wanderschaft genug von der Welt gesehen und beschloss, sich in seiner Heimatstadt mit einer Feilenhauerwerkstatt niederzulassen. Eine Heirat im Jahre 1778 trug zur Sesshaftwerdung bei. Sein Sohn Eberhard Friedrich Dick übernahm seine Werkstatt später und verlagerte sie in die Nikolauskapelle auf der Inneren Brücke (siehe Geheimnisse 12 und 30).

Eberhard Friedrichs Sohn Johann Friedrich übernahm die Firma. Und unter dessen Sprössling Paul Ferdinand Friedrich wiederum wurde der Betrieb dann schließlich zu dem, was er heute ist: ein weltberühmtes Unternehmen. „Paul ist derjenige, der den kleinen Handwerksbetrieb des Feilenhauers zum großen Industriebetrieb mit über 1000 Mitarbeitern vorantrieb", stellt Jörg Ilzhöfer beeindruckt fest, „denn sein Ziel war es, alle Feilensorten herzustellen." Auch in einer internen Festschrift wird Paul Dick als „der eigentliche Schöpfer" bezeichnet und für seinen „unbändige(n) Schaffensdrang, kühne(n) Wagemut, gepaart mit großer Organisationsgabe und hervorragendem Fachwissen und -können" gelobt. Schon bald genügte das kleinere Anwesen nicht mehr und die Firma zog um, zunächst in die Karmeliterstraße und dann, als auch hier der Raum zu eng wurde, in das Areal des heutigen Dick-Geländes in der Kollwitzstraße. Die Zahl der Mitarbeiter wuchs immer mehr, 1923 waren schon über 1200 Menschen bei Dick angestellt. Das war dann bereits unter Otto und Paul Dick, den Söhnen von Paul Ferdinand Friedrich, denen er 1919 die Feilen- und Raspelfabrik übergeben hatte. Otto Dick, der schon seit seinem 16. Lebensjahr im väterlichen Unternehmen gearbeitet hatte, leitete die Firma bis zu seinem Tod im Jahr 1950.

1893 hatte die Firma Dick sogar an der Weltausstellung in Chicago teilgenommen. „Sie sind dort mit dem Schiff hingereist. Da krieg' ich Gänsehaut", sagt Jörg Ilzhofer ehrfürchtig. „Esslinger repräsentieren Deutschland auf der Weltausstellung!"

Im Jahr 1997 verlegte das Unternehmen den Firmensitz nach Deizisau. Und eben deshalb, weil die Firma, die noch nach über 200 Jahren in Familienhand ist, nicht mehr in Esslingen sitzt, ist die Geschichte in der Ursprungsstadt bei der jüngeren Generation weitgehend in Vergessenheit geraten. Und das, obwohl das Familienunternehmen immer noch so erfolgreich, ja, sogar weltberühmt ist. Das denkmalgeschützte Fabrikgebäude in Esslingen wurde nach dem Wegzug der Firma umgebaut, auf dass die Esslinger und ihre Gäste sich dort vergnügen mögen. Und kaum einer, der hier Entspannung sucht, dürfte wohl – zumindest vor der Lektüre dieses Buches – wissen, dass im „Das Dick" einst Feilen und Messer hergestellt wurden und dass hier eine ganz ungewöhnliche Firmengeschichte geschrieben wurde.

Oliver Schütz blickt aus dem Kaiserzimmer des Salemer Pfleghofs.

Erker

Streitbare Esslinger und ein Mann mit Bart

Wer in Esslingen die Augustiner-, die Berliner- oder die Geiselbach-
straße entlangkommt, kann ihn nicht übersehen, den wuchtigen, steinernen Bau des Salemer Pfleghofs aus dem Mittelalter, das wohl älteste
und größte Steingebäude Esslingens. Die recht schmucklosen, hohen
Wände mit ihren kleinen Fenstern wirken erst einmal nicht besonders
hübsch. Umso überraschender ist der reizende, verzierte Erker, der sich
von der Straße „Untere Beutau" aus besonders gut betrachten lässt. So
hübsch er ist, wirft er doch jede Menge Fragen auf, weil er so gar nicht
zu dem Gebäude passen will. Gab es ihn schon immer? Wurde er erst
später angebaut? Und wenn ja, warum und für wen? Theologe Dr. Oliver Schütz, der seinen Arbeitsplatz in dem geheimnisvollen Bau hat –
heute ist hier nämlich die katholische Münstergemeinde beheimatet –
hat sich eingehend mit diesem und anderen Rätseln rund um das
Gebäude befasst. Das größte Geheimnis ist für ihn die Erbauung als
solche – denn er kann sich kaum vorstellen, dass das Kloster Salem
tatsächlich Anfang des 13. Jahrhunderts einen so großen Pfleghof in
Esslingen errichtet haben soll. „Das Kloster war zwar wohlhabend, doch
ein solcher Bau wäre dennoch nicht gerechtfertigt gewesen, da Salem
nicht viele Besitztümer im mittleren Neckarraum hatte." Der Geschäfts-
führer der Münstergemeinde vermutet etwas ganz anderes – wozu aber
der Beleg fehlt: „Ich glaube, das Gebäude war eine Pfalz, also die Resi-
denz eines Königs. Und erst später zog das Kloster Salem hier her." Mit
dieser Vermutung steht er nicht alleine da, auch wenn es freilich andere
gibt, die das eher skeptisch sehen.

„Esslingen war ein Wallfahrtszentrum, das heißt, es hatte auch eine
große kirchliche Bedeutung. Und wenn man alles zusammennimmt,
auch den Markt, den es hier gab, war es eine bedeutende Stadt und man
kann sich gar nicht vorstellen, dass hier keine Pfalz gewesen sein soll",
sagt Schütz. Fest steht nun aber, dass das Gebäude 1229 urkundlich als
Pfleghof erwähnt wird und um 1200 errichtet wurde. Sollte es tatsäch-

So geht's zum Erker:

Der Pfleghof befindet sich in der Unteren Beutau 8 bis 10. Den Erker des Kaiserzimmers kann man besonders gut vom Chor der Frauenkirche aus sehen.

lich möglich sein, dass eine Pfalz so umfangreich und prachtvoll gebaut wurde, um dann keine drei Jahrzehnte später wieder veräußert zu werden? Auch hierzu hat Schütz eine Vermutung: Er glaubt, dass die Stauferkönige die Pfalz dem Kloster Salem stifteten, sich aber ein Herbergsrecht vorbehielten – das Kaiser Karl V. (1500–1558) mit seinem Gefolge dann 1548 und 1552 auch nutzte.

Und was ist mit dem Erker? Er wurde im Zuge der Renovierung von 1509 bis 1514 angebracht – vielleicht, um den hohen Besuchern eine würdige Herberge zu schaffen. Karls Besuche fanden nach der Reformation statt. Esslingen war weitgehend evangelisch geworden, der Pfleghof aber blieb katholisch, was zu Spannungen führte. „Die Esslinger versuchten die Mönche daher mit Verboten aus dem Stadtbild zu verdrängen", sagt Schütz. Das Kloster Salem wusste sich zu wehren und verkaufte den Pfleghof 1682 ausgerechnet an den Herzog von Württemberg. „Das war ja im Grunde der Feind Esslingens über all die Jahrhunderte gewesen, und der hatte nun einen Fuß in der Stadt", verdeutlicht Schütz die Dramatik. Die Esslinger hießen die Württemberger dann auch keineswegs willkommen. „Man stritt um Abgaben und Privilegien, 1755 kam es zum Eklat, als die Württemberger den Wehrgang der Stadtmauer, der durch den Pfleghof führte, zumauerten. Salem war ein Ärgernis, aber Württemberg war ein richtiges Problem." Doch Württemberg wurde des Streites müde und zog sich immer mehr aus dem Gebäude zurück, ab 1806 wurde es als Gefängnis genutzt. „1866 wurden noch zwei Personen, ein Mann und eine Frau, die man des Mordes beschuldigte, im Gefängnishof hingerichtet", erzählt Schütz. Bis 1965 war hier das Gefängnis beheimatet, das den Esslingern als „Kriminal" bekannt ist, das aber auch den hübschen Beinamen „Café Marzel" trug: zu Ehren des Oberwachtmeisters Gustav Marzel, der die Justizvollzugsanstalt in den 1930er Jahren leitete. Als die katholische Kirchengemeinde das Gebäude 1977 erwarb, kam es endlich wieder in die Nähe seiner früheren – kirchlichen – Nutzung. Und damit ist dann auch eine äußerst amüsante Anekdote verbunden: Münsterpfarrer Sigisbert Schwind wettete nämlich mit seinem Kirchenchor, er werde sich einen Bart wachsen lassen, wenn mindestens 10.000 Mark für die Renovierung gespendet würden. Tatsächlich kamen 28.500 Mark zusammen. Und weil der Bart vielen Menschen nicht gefiel, erklärte der findige Pfarrer sich bereit, ihn ab einer Spendenhöhe von 30.000 Mark wieder abzunehmen. Die Esslinger spendeten – und Sigisbert Schwind wurde wieder bartlos. Ganz im Gegensatz zu Kaiser Karl V., der einst aus dem Erker des Kaiserzimmers blickte, das diesen Namen zu seinen Ehren trägt. Und den wohl kaum jemand je bartlos gesehen haben dürfte – zumindest nicht auf den heute noch erhaltenen Gemälden. Was ja durchaus den damaligen Gepflogenheiten entsprach.

Man muss schon genau hinsehen, um die grüne Metallplatte in der Wiese zu entdecken.

Metallplatte

Erstes dampfbetriebenes Grundwasserwerk

Die „Burg" gehört zu Esslingens Hauptattraktionen und lockt alljährlich tausende Besucher in ihre Anlage. Über die schlichte Bodenplatte aus Metall, die sich mitten im Burghof auf einer Wiese befindet, dürften die meisten achtlos hinweggehen. Dabei verbirgt sie den Eingang zu etwas, das für Esslingen im ausgehenden 19. Jahrhundert von enormer Bedeutung war. Die passionierte Stadtführerin Christine Wanner sagt: „Unter dieser Platte befindet sich das erste dampfbetriebene Grundwasserwerk Württembergs." Gebaut wurde es in den Jahren 1874 bis 1876. „Damals brauchte man dringend Wasser, denn die Altstadt war dichter besiedelt als je zuvor und jeder Winkel vermietet oder untervermietet." Wie das kam? „Durch die Industrialisierung kamen ungeheuer viele Arbeiter in die Stadt", erklärt Christine Wanner. „Und das hat natürlich schnell ein Hygieneproblem nach sich gezogen. Bis dahin hatten die Leute einfach Wasser von einem der insgesamt 15 Brunnen im Stadtgebiet geholt. Der Stadtrat hat sich dann Gedanken darüber gemacht, wie man fließend Wasser in die Häuser legen kann. Und da kam man relativ schnell auf das einzige Plateau hier oben auf der Burg", erklärt die Stadtführerin. Das Grundwasser wurde mit einer Dampfmaschine vom Obertorwasen durch Gussleitungen zum Wasserspeicher auf der Burg gepumpt und von dort an die Esslinger Haushalte verteilt.

Ein weiterer wichtiger Grund für die neue Wasserversorgung war der Brandschutz. „In dieser Zeit hat man auch in anderen Städten im ganzen Deutschen Reich Hydranten gebaut. So auch in Esslingen."

So geht's zur Metallplatte:

Die Metallplatte befindet sich mitten in einer Wiese im Burghof. Die Burg erreicht man von der Stadt aus über einen steilen Pfad, die Burgsteige, oder über die Burgstaffeln.

Wie groß der zweikammrige Wasserspeicher ist? Die Stadtführerin weiß es genau: „Er hat ein Fassungsvermögen von gut 800.000 Litern für eine Kammer." Bis 1917 versorgte der Wasserspeicher von der Burg aus die Stadt mit dem kostbaren kühlen Nass, danach reichte dieser Speicher nicht mehr aus und Esslingen wurde an die Landeswasserversorgung angeschlossen, mit der der württembergische König Wilhelm II. (1848–1921) am 8. Juli 1912 den Grundstein für die Trinkwasserversorgung weiter Teile Württembergs gelegt hatte. An die Landeswasserversorgung ist Esslingen noch heute angeschlossen, wobei die Stadt 1954 auch der Bodensee-Wasserversorgung beitrat.

Christine Wanner staunt noch immer, wenn sie sich vorstellt, welcher Ingenieurleistung der Bau dieses ersten mit Dampfkraft betriebenen Wasserwerks bedurfte. „Ich finde es unglaublich, dass das Wasser fast über zwei Kilometer mit einer 40 PS starken Dampfmaschine nach oben gepumpt wurde", sagt sie. Heute gibt es auf dem gesamten Stadtgebiet 17 Hochbehälter. Und der Trinkwasserspeicher auf der Burg ist längst nicht mehr in Betrieb. Nur die kleine Metallplatte kündet von diesem bedeutsamen Wasserwerk. Es sind manchmal eben die einfachen Dinge, hinter denen sich Großes verbirgt.

Stadtführerin Heidi Gassmann und Hausbesitzer Rafael Treite vor der einstigen Weinzieher-Treppe in der Heugasse.

Treppen und Brunnen

Das „allerbeschde Fässle"

Man findet sie in der Esslinger Innenstadt immer wieder: merkwürdige, halb in der Erde versunkene Türen mit Treppen, die scheinbar keinen besonderen Zweck erfüllen. Stadtführerin Heidi Gassmann weiß, was es mit diesen Treppen auf sich hat – und dass sich gar lustige Geschichten um sie ranken. „Das sind ehemalige Weinziehertreppen", erklärt sie. „Die Weinzieher zogen die Weinfässer über ausgelegte Bretter die Staffeln hoch und lupften sie auf die Wagen. Oder sie ließen sie mit zwei Seilen in den Keller hinunter." Eine besonders schöne Weinziehertreppe restaurierte Rafael Treite, als er das Haus in der Heugasse erwarb. Heute kann man durch die Glastür über die steilen Treppen in den Weinkeller hinunterblicken.

So geht's zu den Treppen und zum Brunnen:

Eine besonders schöne Weinziehertreppe befindet sich in der Heugasse 5 an der Ecke zur Apothekergasse.

Der Eichbrunnen steht in der Küferstraße in Richtung Blarerplatz.

Übrigens gab es in Esslingen ein eigenes Weinmaß: den so genannten „Esslinger Eimer", der insgesamt 293 Liter fasste. Geeicht wurde er in der Küfergasse am heute noch erhaltenen Eichbrunnen. Mittels eines Modells – ein Eimer mit Strich – wurden auch andere Eimer geeicht, indem man das Modell mit Wasser füllte und dieses Wasser dann in das zu eichende Gefäß umgoss. Der Stand des Wassers wurde mit einem Strich markiert.

Der damalige Wein habe immer nur ein Jahr lang gehalten. „Und deswegen war der Monat vor der neuen Ernte, der September, der Sauf- und Sündenmonat. Man musste auf Biegen und Brechen auch noch das letzte Fass leeren, um Platz für die neue Ernte zu schaffen", erzählt Heidi Gassmann. Zudem habe man meist das „allerbeschde Fässle" noch im hintersten Winkel des Kellers aufbewahrt. Und dieses „Gottesgnadentröpflein" einfach verrinnen zu lassen, sei undenkbar gewesen. Die besten Tröpflein zu vernichten, dafür habe es mehrere Möglichkeiten gegeben: entweder mittels „Nachbarschaftshilfe", wie Heidi Gassmann es nennt, indem man jeden Abend in einem anderen Keller trank, oder indem man einfach ein großes gemeinsames Fest feierte. „Da haben die Esslinger dann noch die Obertürkheimer und die

Der Eichbrunnen.

Oberesslinger eingeladen, weiter ging es nicht mehr, da war dann die Freundschaft aus."

Nach drei Wochen waren die Fässer leer und die Dauerbeschwipsten – oder vielleicht eher: die Dauerbetrunkenen – konnten sich an die Weinlese machen. Indes sei die Kunde von den trinkfreudigen Esslingern aber bis nach Rom gedrungen, berichtet Gassmann. Der Papst habe daraufhin über den Bischof von Konstanz eine Verwarnung an die Stadt geschickt. So zumindest erzählt man sich das in der Neckarstadt.

Tatsächlich sah das Ende der Nachbarschaftsfeiern aber etwas anders aus: „1516 war ein grosses Schiessen zuo Esslingen" – wie es in „Ain kurtzer Ußzug auß einer Chronica ..." heißt – dort soll der Pfarrer nach dem „Sündenfest" den fleißigen Weinvernichtern die Beichte nicht abgenommen haben, da sie zu arg gezecht hatten, woraufhin sich die Esslinger beim Bischof von Konstanz beschwerten. In einem Brief gab der Bischof dem Pfarrer dann Anweisung, dass er die Beichte abnehmen solle, da sie ja nur gute Nachbarschaft gefeiert hätten: „sollich schießen sye von uch allain zu Uffnung gutter Nachparschafft, Gesellschaft und Freundschafft angesehen und gehallten worden." Will heißen: In Esslingen durfte mit kirchlichem Segen gefeiert werden. Solange es der guten Nachbarschaft diente.

40

Steinmetz Constantin
Baki vor den Mauern
der Frauenkirche, die
mit Steinmetzzeichen
übersät sind.

Steinmetzzeichen
Stolze Erkennungszeichen der Ewigkeit

Kaum einer kennt die Mauern der Frauenkirche wohl so gut wie er: Der Esslinger Steinmetz Constantin Baki hat das Gotteshaus zu seiner Passion erklärt. Naheliegend, dass ein Steinmetz auch gleich die geometrischen Einkerbungen zuordnen kann, die sich überall an den Steinen der Frauenkirche und sogar auf Grabplatten finden und die Laien vielleicht für rätselhaft halten. Viel lässt sich anhand dieser Zeichen über die Baugeschichte der Frauenkirche erzählen: „Das sind Steinmetzzeichen", erklärt Constantin Baki die vielen kleinen Einkerbungen, die von den Männern in die Steine gehauen wurden, die vor ihm hier wirkten. „Man hat diese Zeichen zu Abrechnungszwecken verwendet." Denn wenn ein Steinmetz einen oder mehrere Steine fertig bearbeitet hatte, meißelte er sein Zeichen ein. Der Meister konnte so am Zahltag anhand der Zeichen genau erkennen, wie viele Steine der Steinmetz gehauen hatte, und ihn nach Stück bezahlen. „Die Steinmetzzeichen der Zugehörigen einer Bauhütte sahen einander sehr ähnlich", sagt Baki. „Denn sie ergaben sich alle aus einem Bauhüttenschlüssel." Bauhüttenschlüssel waren die oft geometrischen Erkennungszeichen der Bauhütte. Jeder Lehrling bekam ein von diesem Erkennungszeichen leicht abgewandeltes Zeichen. „So hatte der Steinmetz, wenn er mit der Lehre fertig war, ein eigenes Steinmetzzeichen und man wusste immer, in welcher Bauhütte er gelernt hatte", sagt Constantin Baki. Zwei der wichtigsten Baumeisterfamilien im ausgehenden 14. bis zum

So geht's zu den Steinmetzzeichen:

Die Frauenkirche steht in der Unteren Beutau 7.

Die Steinmetzzeichen finden sich in der Frauenkirche überall. Besonders schöne Zeichen sind auf der Südseite der Kirche zu sehen. Die Grabplatten der Böblinger befinden sich gleich links neben dem Eingang auf der Südseite.

Die Steinmetzzeichen sind im Mauerwerk deutlich zu sehen.

16. Jahrhundert waren die Ensinger und die Böblinger. „Innerhalb der schwäbischen Kunstgeschichte spielen beide Familien für die Entwicklung der Spätgotik eine einflussreiche Rolle. Sie waren noch beides in einem: geübte Steinmetzen und erfahrene Architekten", schreiben Christian Ottersbach und Claudius Ziehr in einer Veröffentlichung über Esslingen. Ulrich Ensinger machte sich nicht nur um den Bau der Frauenkirche verdient, sondern auch als Ulmer Münsterbaumeister und als Planer für den Turm am Straßburger Münster. In beratender Tätigkeit war er in den Jahren 1394/95 sogar beim Bau des Mailänder Domes aktiv, „nachdem ihn die Dombauhütte eigens beim Esslinger Rat angefordert hatte. Er muss schon damals in gutem Ruf gestanden haben." Auch die Familie von Hans Böblinger gehörte zu den Großen der südwestdeutschen Spätgotik. Sie haben sich um die Frauenkirche verdient gemacht und haben dort ihre letzte Ruhestätte gefunden: Die Grabplatten, auf denen die Steinmetzzeichen zu sehen sind, sind die der Familie Böblinger.

Und die Steinmetze, die sich mit ihren Steinmetzzeichen in den Steinen der Frauenkirche verewigt haben, dürften das mit geschwellter Brust getan haben. Voller Stolz darüber, dass sie zu derart namhaften und bedeutenden Bauhütten gehören.

Gerhard Voß vor dem
Haus, in dessen Unter-
geschoss sich einst
eine Mikwe befand.

Haus am Hafenmarkt
Erinnerung an einen besonderen Ort

Dieses Haus sieht eigentlich ziemlich alltäglich und nicht besonders aufregend aus. Dabei ist die Geschichte, die mit ihm verbunden ist, zunächst sehr bedeutsam und später dann auch tragisch. Denn das

So geht's zum
Haus am Hafenmarkt :

Das Haus steht in der
Hirschstraße 5 auf der West-
seite des Hafenmarktes.

Untergeschoss dieses Hauses war einst ein heiliger Platz. „Hier befand sich die so genannte Mikwe, das ist das rituelle Tauchbad, das für eine jüdische Gemeinde genauso wichtig ist wie ein Friedhof und eine Synagoge", sagt Gerhard Voß, Vorsitzender des Vereins „Denk-Zeichen Esslingen", der sich gemeinsam mit anderen Engagierten dafür einsetzt, dass die Geschichte der Juden in Esslingen nicht in Vergessenheit gerät. Das rituelle Tauchbad wurde von der „sehr bedeutenden und ganz offensichtlich auch reichen" jüdischen Gemeinde gebaut. Die Gemeinde ist 1241 zum ersten Mal in der Reichssteuerliste von Esslingen verzeichnet, nach der die Esslinger Juden sehr zur Kasse gebeten wurden: Sie mussten 30 Mark Silber pro Jahr bezahlen, während sie in andern Orten, wie zum Beispiel Ulm, nur sechs Mark Silber Steuer zahlen mussten. Die erste jüdische Gemeinde Esslingens, erzählt Gerhard Voß, sei weit über die Region hinaus bekannt gewesen. „Hier wurden zum Beispiel zwei wunderbare Machsorim gemalt und geschrieben, das sind Gebetbücher der Juden", erläutert Voß. Und dann wandelt sich seine Begeisterung in Betroffenheit, wird seine Stimme ganz leise, als er davon erzählt, auf welch tragische Weise das Leben dieser Menschen, die einst die Treppen zur Mikwe hinabstiegen, um dort das traditionelle Reinigungsbad zu nehmen, zu Ende ging: Unmittelbar beim Hafenmarkt stand auch die jüdische Synagoge. Und in diese flüchteten sich die Juden, als sie Mitte des 14. Jahrhunderts verfolgt wurden. „Wie überall gab man den Juden auch hier die Schuld am Ausbruch der Pest", erzählt Gerhard Voß. In den Jahren 1347 und 1352 starben zahlreiche Esslinger an der Seuche, jüdische Bürger waren wohl etwas weniger betroffen. „Sie lebten einfach reinlicher und gesünder. Jedenfalls machte man sie für die Seuche verantwortlich", berichtet Voß und fährt fort: „Die Esslinger Juden schlossen sich also in der Synagoge ein – und alle sind sie lebendigen Leibes verbrannt." Das war Ende Dezember 1348. Für den schrecklichen Vorfall gibt es zwei Erklärungsansätze: Entweder wollten die Esslinger Rache üben oder die Juden nahmen sich selbst das Leben, um der Verfolgung zu entkommen. Gerhard Voß hält es für wesentlich wahrscheinlicher, dass die Synagoge von den Verfolgern angezündet wurde: „Und die Menschen, die nicht den Flammen in der Synagoge zum Opfer fielen, wurden in ihren Häusern verbrannt."

Anno 1365 ließen sich dann wieder Juden in Esslingen nieder und übten ihren Glauben in einer Synagoge im Bereich der Ritterstraße 5 aus. Da Juden in Esslingen nach wie vor extrem hoch besteuert wurden, ging es ihnen wirtschaftlich zunehmend schlechter. Um 1455 verließen die ersten Juden wegen ihrer schlechten wirtschaftlichen Lage die Neckarstadt. Knappe 100 Jahre später wurden auch die letzten Menschen jüdischer Herkunft aus der Stadt ausgewiesen. Aufgrund eines Schutzbriefes des ersten württembergischen Königs, Friedrich I., konnten sich 1806 wieder Juden in Esslingen ansiedeln. Auch diese Ansiedlung nahm ein tragisches Ende, das ebenfalls in Zusammenhang mit dem Hafenmarkt steht. Doch das ist eine andere Geschichte, die wir schon auf Seite 90 erzählten.

Werner Mey weiß: Wo heute die Autos durchrauschen, da badeten einst die Esslinger im Neckar.

Pliensaubrücke
Tod in den Wellen

Tausende Autos flitzen tagtäglich unter der Pliensaubrücke, die auch Äußere Brücke genannt wird, hindurch. Der eine oder andere aufmerksame Autofahrer mag vielleicht bemerken, dass es sich um einen historischen Brückenbau handelt, und dem Bauwerk einen wohlwollenden Blick schenken. Dass dort, wo sich heute die Bundesstraße B 10 befindet, einst Menschen qualvoll ertranken, das dürfte allerdings kaum einer der Reisenden wissen. Die Brücke, die heute über die Bundesstraße führt und Teil der ursprünglich 200 Meter langen Äußeren Brücke ist, überquerte nämlich lange Zeit keineswegs eine Straße, sondern ausschließlich den Neckar. Lange floss der Fluss dort, wo heute die Schnellstraße entlangführt. Hier befand sich auch eine der tiefsten Stellen des Neckars. „Diese Stellen wurden Gumpen genannt", erzählt der Esslinger Werner Mey, Journalist im Ruhestand und Buchautor. Ein Gumpen in der Nähe der Pliensaubrücke trug den schönen Namen „Heilig-Kreuz-Gumpen". So reizend der Name – so schrecklich die Dinge, die dort geschahen. Hier wurden Menschen, die sich eines Verbrechens schuldig gemacht hatten, ertränkt. Das war im Mittelalter. Auch „Bäckertaufen" sollen dort stattgefunden haben: Historikerin Sabine Schaible erzählt, dass Bäcker, die zu kleine Brote backten und damit ihre Kunden zu übervorteilen suchten, in einen Käfig gesperrt und darin so lange getaucht und wieder herausgezogen wurden, bis sie gestanden oder, wie Sabine Schaible es formuliert, bis „ihre Reue für alle Umstehenden vernehmbar war". Im Stadtarchiv finden sich zu diesen Ereignissen zwar keine Quellen, Fakt ist aber, dass solche Ehrenstrafen, denen sich die Delinquenten zusätzlich zu Geldstrafen unterziehen mussten, im Mittelalter durchaus üblich

Der berüchtigte fünfte Gumpen befand sich dort, wo heute der Fahnenmast steht.

waren. Auch dass Kindsmörderinnen (siehe Geheimnis 34) bei den Esslinger Gumpen ertränkt wurden, ist im Stadtarchiv nachzulesen.

Jahrhunderte nach diesen tragischen Ereignissen bot der Neckar hier vor allem den jüngeren Esslinger Bürgern jede Menge Freizeitspaß. Werner Mey erinnert sich: „Das Wasser hatte die Bögen unterhalb der Pliensaubrücke ausgehöhlt und in diesen Aushöhlungen konnte man mehr oder weniger gut baden."

Dass der fünfte „Gumpen", wie man diese Aushöhlungen nennt, in der Nähe der Pliensaubrücke sehr gefährlich ist, hat er dabei immer gewusst:

So geht's zur Pliensaubrücke:

Die Pliensaubrücke erreicht man, wenn man die Innere Brücke und die Pliensau- straße in Richtung Bahnhof geht. Von dort aus kann man die Brücke bereits sehen.

„Der hat einen Strudel gehabt, und dadurch sind auch immer wieder Badende abgetrieben und reingezogen worden." Von vielen Todesfällen, die sich dort ereignet haben sollen, hat der damals noch junge Werner Mey gehört. Er selbst war aber immer entsprechend vorsichtig. Und er erinnert sich auch noch daran, dass es um die Gumpen immer wieder Streit gab. „Vier Gumpen waren in der Hand der Pliensauvorstädter. Und der fünfte markierte die Grenze, das war auch schwierig." Die Esslinger ließen sich aber von der Tatsache, dass sich die Gumpen im Besitz der Pliensauvorstädter befanden, nicht abschrecken. Sie gingen trotzdem baden. „Wer genügend Leute dabei hatte, um sich Platz zu schaffen, war der Sieger", sagt Werner Mey schelmisch.

Heute gehen die Esslinger zum Baden lieber ins Neckarfreibad, wo es keine wilden Strudel gibt. Über einen Teil der ehemaligen Gumpen rauscht der Verkehr. Und die Autofahrer, die in den heiligen Blechle sitzen, die denken höchstens dann ans Schwimmen, wenn sie gerade auf dem Weg zum Vergnügen im kühlen Nass sind.

Das Gebäude Strohstraße 9 hat ein prachtvolles Fachwerk – und Putzkerben.

Putzkerben

Ein flammendes Inferno

Warum befinden sich am Fachwerk zahlreicher Esslinger Häuser so merkwürdige Kerben? Das fragt sich, wer wachen Auges durch die Innenstadt geht. Die Antwort ist so einfach wie dramatisch – und dies, weil sie an ein schreckliches Ereignis der Esslinger Stadtgeschichte erinnert. „Das sind Putzkerben", sagt das Esslinger Urgestein Heidi Gassmann. „Denn nach dem großen Stadtbrand von 1701, bei dem etwa 200 Häuser zerstört wurden, mussten alle Fachwerkbalken verputzt werden." Zu große Angst hatte man davor, dass die Flammen nochmals einen solchen Schaden anrichten könnten. Der Putz auf dem Holz bot wenigstens einen kleinen Schutz vor den Flammen. „Und die Kerben waren dazu da, dass der Putz sich besser mit dem Material verband. Sonst hätte das nicht gehalten", erläutert die Stadtführerin. Wie es zu der Brandkatastrophe kam? Endgültig geklärt ist das nicht.

Die Kerben im Fachwerk.

Der ehemalige Stadtarchivar Paul Eberhardt schreibt in seinem Buch „Aus Alt-Eßlingen", dass zahlreiche Esslinger dem Adlerwirt die Schuld gaben. „Er sei an diesem Abend betrunken hinter einem Kolben Branntwein gesessen und zuletzt in tiefen Schlaf verfallen. Dann sei das Licht soweit heruntergebrannt, daß der auf dem Tisch verschüttete Branntwein Feuer gefangen habe, und bis der Wirt in seiner Schlaftrunkenheit zu sich selber gekommen sei, habe die Flamme so weit um sich gegriffen, daß er sie nicht mehr zu löschen vermocht!" Der Adlerwirt freilich stritt seine Schuld stets „mit der größten Entschiedenheit" ab. „Man konnte des Feuers nicht mehr Herr werden, und es entstand eine Brunst, die, wie es in einer Kundmachung des Magistrats heißt, ‚continua serie Sechs und dreyßig gantzer Stund lang fürgewehret'. 36 Stunden hat es also ununterbrochen gebrannt. Unter anderem dauerte das Inferno deshalb so lange, weil es an Löschwasser fehlte. Denn die Feuerseen, so schreibt Walter Bernhardt in seiner Darstellung des Stadtbrands, waren „vorschriftswidrig alle gleichzeitig zum Ausfischen abgelassen. Weil obendrein ein starrsinniger Bürger sich weigerte, sein Haus einreißen zu lassen, konnte das Rathaus nicht gerettet werden. Menschen kamen zum Glück nicht ums Leben."

Nach dem großen Inferno von 1701 ereigneten sich noch viele weitere kleinere Brände. Insgesamt, das ist Bernhardts Bericht zu entnehmen, brannte es zwischen 1742 und 1838 ganze 23 Mal. Und das, obwohl die „Eßlinger Newe Bawordnung" erlassen worden war. „Welcher gestalten diejenige, durch die am 25. Okt. 1701 in der Nacht zwischen 11 und 12 Uhr entstandene laidige

So geht's zu den Putzkerben:

Besonders schöne Putzkerben befinden sich am Alten Rathaus am Rathausplatz 1 und am Haus in der Strohstraße 9 (Ecke Strohstraße/Milchstraße).

Feuersbrunst in die Asche gelegte Hofstatt wieder Zubawung, und was dabei beobachtet werden solle." Teil dieser Ordnung war auch die Anweisung bezüglich der Putzkerben: „Sibendens, daß schon denen Zimmerleüthen und Backerenswohnstatt willens, alles Rigelwerckh ausgespöhnt, die Rigelwerckh von Maürer aus einen Zoll vorstehend, außgemauert, darmit selbiger hiernächst mit einem rauen Waßerwurff von guthem Zeüg bestochen und verblendt werden können." Die Kerben setzen dem Stadtbrand bis heute ein zwar rätselhaftes, aber doch durchaus authentisches Denkmal.

44

Das „Haymliche Gemach".

Alte Toilette
Ein gar „haymliches Gemach"

Wenn man sich die Mühe macht, in Esslingens kleine Gässlein zu blicken, dann entdeckt man an der Seite des 1257 erstmals urkundlich erwähnten Bebenhäuser Pfleghofs einen merkwürdigen kleinen Erker. Er sitzt eingekeilt zwischen dem Pfleghof und dem Nachbarhaus und die Geschichte, die sich um ihn spinnt, sollte nach Möglichkeit nicht gerade beim Essen gelesen werden. Denn sie ist etwas unappetitlich. Dafür aber umso menschlicher, handelt sie doch von menschlichen Bedürfnissen: Der Erker ist nichts anderes als ein Plumpsklo und das schmale Gässchen ist eine einstige Fäkalienrinne, in Esslingen auch „Winkel" und gar, pardon, „Scheißwinkel" genannt. Sie kamen zum Einsatz, wenn keine Gruben vorhanden waren. Diese Winkel mussten freilich regelmäßig gereinigt werden. Das zu tun war damals ein Beruf, und die Männer, die ihn ausübten, hörten auf den hübschen Namen „Winkelfeger" und mussten zu allem Überfluss auch noch nachts arbeiten, damit die Bevölkerung nicht allzu sehr unter dem Gestank, der mit dem Grubenleeren einherging, leiden musste. Auch ansonsten trug der Rat Sorge dafür, dass die menschlichen Ausscheidungen die Nachbarn nicht allzu sehr belästigten.

Doch gerade die Bewohner des Bebenhäuser Pfleghofs hatten eine wohl recht empfindliche Nase, beschwerten sie sich doch immer wieder beim Stadtrat über ihre Nachbarn, insbesondere über Eberhard Holdermann, der seinen Mist zu nah am Pfleghof ablagerte und dadurch wohl den Keller des Bebenhäuser Pfleghofs beschädigte. Daraufhin musste er seinen Mist „mindestens zwei Schuh vom Pfleghof entfernt" lagern und „alle vierzehn Tage" entfernen.

> **So geht's zur alten Toilette:**
>
> Das „Haymliche Gemach" befindet sich an der Westseite des Bebenhäuser Pfleghofs, Heugasse 9.

Im Zweifel verbot der Rat auch mal ein Klo, oder „haymliches Gemach", wie der schmucke Beiname lautete. 1480 mussten – abermals durch eine Beschwerde der Bebenhäuser – Eberhard Holdermann, Hans Suger, Ulrich Haller, Hans Bayrutts Hausfrau, Jakob Scherer, Hans Bliemlin und jung Hans Klee, ihr „Haymliche Gemach, so sie in die Winckel an iren Husern gan habend verschlahn, abthun und sich dero von disem Tag an nitt mee gebruchen". Der Rat drohte bei Zuwiderhandlung mit Strafe von einem Pfund Heller. Für Reinlichkeit in den Straßen zu sorgen, war damals ohnehin kein ganz einfaches Unterfangen. Als die Hauptstraßen im 14. Jahrhundert gepflastert wurden, wurde es zwar etwas einfacher mit der Sauberkeit in Esslingens Gassen, aber vom heutigen Standard war man noch weit entfernt. Im 15. Jahrhundert, genauer 1445, erließ der Rat eine Regelung zur Müllbeseitigung. „Es wurde explizit verboten, Escher, Kutter und sonstigen Abfall auf die Allmende, Straßen und Gassen zu schütten. Dafür waren bestimmte Plätze vorgesehen, ansonsten drohte eine Strafe von fünf Schilling Heller", schreibt Ursula Rojnica. Im 17. Jahrhundert forderte Oberbaumeister Eberhard Weiß eine wöchentliche Straßenreinigung, die am 26. Juli 1638 auch tatsächlich vom Rat angewiesen wurde. Das Geheimnis um den Erker am Bebenhäuser Pfleghof wäre also gelüftet. Und weil die Bezeichnung „Plumpsklo" so unromantisch ist und gar nicht dazu passen will, halten wir es doch mit der blumigen Sprache des Mittelalters und geben ihm seinen alten Namen: „Haymliches Gemach".

154

45

Museumsleiter Martin Beutelspacher mit dem Gipsmodell
des „Zwiebelfressers" aus dem
Ende des 19. Jahrhunderts.

Wasserspeier
Gut erfunden ist fast wie die Wahrheit

Er hockt ganz oben an der Brüstung der Frauenkirche und wirft den
Passanten böse Blicke zu. Da er sich so weit vorneigt, könnte man fast
fürchten, dass er gleich herunterfällt, der steinerne, griesgrämige Zwie-
belfresserteufel. Ja, es wirkt wirklich so, als warte er nur auf ein geeig-
netes Opfer, um herunterzuspringen und den nichtsahnenden Passanten in seine Klauen zu nehmen, vor lauter Zorn darüber, dass eine
Esslinger Marktfrau ihn, den Teufel, einst entlarvte und ihn mit einer
Zwiebel aus der Neckarstadt vertrieb. Nebenbei bemerkt: Seither führen die Esslinger den hübschen Beinamen „Zwiebel".

Museumsleiter Martin Beutelspacher kennt den kleinen, boshaft aus-
sehenden Kerl – wenn er auch noch niemals von ihm angefallen wurde.

Der Zwiebelfresser.

Und das, obwohl er recherchiert hat, dass gar nicht stimmt, was man ihm und seinen Artgenossen, den Wasserspeiern an der Frauenkirche, nachsagt: dass ihre klangvollen Namen, Sackzwicker zum Beispiel, Perücken-Heiner und Erbmops, aus dem Mittelalter stammen und dass der Baumeister der Frauenkirche sie ihnen gab und sie in seinem Tagebuch festhielt. „Alles erfunden", stellt der Museumsleiter schmunzelnd fest, „die Namen bekamen sie viele Jahrhunderte später."

Wie er darauf kommt? Es war im Rahmen der „Wasserspeier-Ausstellung" im Stadtmuseum im Jahre 2011, als der Museumsleiter stutzig wurde. Ihm fiel auf, dass an der ganzen Geschichte um die mittelalterlichen Namen, mit der er sich nun eingehender befasste, etwas nicht stimmen kann: „Besonders den Namen Perücken-Heiner fand ich beim näheren Nachdenken komisch, da es Anfang des 15. Jahrhunderts, als Baumeister Ensinger die Namen erfunden haben soll, noch gar keine Perücken gab." Misstrauisch geworden begann Beutelspacher auch die anderen Namen zu überprüfen und beschloss, das Tagebuch des Baumeisters Ensinger einzusehen, das angeblich im Archiv in Bern liege. „Von diesem Tagebuch", erzählt er, „war am 27. Januar 1940 erstmals die Rede." Die Neuentdeckung sorgte damals für Wirbel, war Ensinger doch der Baumeister, der den Bau der Frauenkirche ab 1395 leitete. Und in diesem Tagebuch sollen dann auch die 63 Namen für die Wasserspeier aufgetaucht sein.

Mehr als ein halbes Jahrhundert nach dem Auftauchen des geheimnisvollen Tagebuchs ging der Museumsleiter also auf die Suche – und ent-

Einige Wasserspeier der Frauenkirche.

larvte einen Streich. „Ich habe festgestellt, dass es dieses Tagebuch gar nicht gibt", sagt er. Seine Existenz sei damals erfunden worden, denn, „wenn man Ross und Reiter nennt, wenn man harte Fakten nennt, bekommt eine erfundene Geschichte einen hohen Wahrheitsgehalt".

Und wer hat sie denn nun erfunden, die Geschichte, dass es die Namen der Wasserspeier seit dem Mittelalter gibt? Beutelspacher: „Vor meinem geistigen Auge sehe ich eine Männerrunde. Und die Herren sind – sagen wir mal – gedopt mit Rotwein. Jeder hat schon mindestens eine halbe bis eine ganze Flasche intus. Und dann haben die sich einen Spaß gemacht und sich diese Geschichte schenkelklatschend ausgedacht." Und damit ist für Beutelspacher klar: Die 63 Wasserspeier haben keine mittelalterlichen, sondern 40er-Jahre-Namen. Von denen zeigte sich anno 1953 übrigens auch der renommierte Holzschneider HAP (Helmut

**So geht's zu
den Wasserspeiern:**

Die Wasserspeier sitzen auf
der Frauenkirche in der
Unteren Beutau 7.

Andreas Paul) Grieshaber so beeindruckt, dass er eine Ausgabe seiner Zeitschrift „Engel der Geschichte" zu den Esslinger Wasserspeiern herausbrachte.

Die Geschichte um die mittelalterlichen Namen, die gar keine sind, hat Beutelspacher also aufgedeckt. Wer aber die Sage vom Zwiebelfresser erfand und ob sie auch in einer Herrenrunde entstanden ist, konnte bisher noch niemand herausfinden. Oder jemand hat das Geheimnis inzwischen gelüftet und traut sich nicht, es kundzutun, aus Angst, der kleine Teufel könnte eines Tages den anfallen, der sein Geheimnis verrät? Bleibt zu hoffen, dass die anderen 62 Figuren, deren Geheimnis Beutelspacher nun verraten hat, nicht irgendwann auf ihn herabspringen werden. Doch der wirft einen gelassenen Blick nach oben und sagt lächelnd: „Vor denen fürchte ich mich nicht. Das sind meine Freunde."

46

Der heute noch erhaltene Triebwerkskanal.

Merkelpark

Wolle, Mohrenköpfe und Lebertran

Der Name Merkel ist in Esslingen omnipräsent: Es gibt eine Merkelstraße, ein Merkel'sches Schwimmbad, die Villa Merkel, den Merkelpark, die Kita Merkelstraße. Doch fragt man Esslinger, wer dieser Merkel eigentlich war,

So geht's zum Merkelpark:

Der Merkelpark liegt rechts der Deffnerstraße. Die Merkelkita befindet sich in der Merkelstraße 19.

dann wird man nur bei den Geschichtskundigen fündig. Ansonsten erntet man Sätze wie: „Eine spannende Frage. Aber leider keine Ahnung." Der Leiter des Grünflächenamtes, Burkhard Nolte, weiß nicht nur, wer Merkel war, er weiß auch, was es mit dem Merkelpark auf sich hat und dass sich dort, wo heute Menschen das Grün genießen, einst eine Wollspinnerei befand. „Der Park war bis vor knapp 40 Jahren noch gar kein Park. Hier standen Frauen und Männer – manchmal knietief – im Wasser und spannen Wolle", sagt Nolte. Das taten sie im Auftrag der Firma Merkel&Wolf, die später Merkel&Kienlin hieß und die Johannes Merkel, Ludwig Kienlin und Conrad Wolf 1830 gegründet hatten. Ein Jahr später hatte die Firma 40 Webstühle und war eine der größten der Neckarstadt. Anfangs noch eine Tuchfabrik, wandte sich das Unternehmen schnell ausschließlich der Kammgarnspinnerei zu. 15 Jahre nach Firmengründung, 1845, besaß die Firma 1.600 Spindeln und hatte 150 Angestellte. Anno 1858 trat Oskar Merkel, Sohn des Firmengründers, in das Unternehmen ein, modernisierte und vergrößerte weiter und brachte es bis zu seinem Tod im Jahre 1912 auf 18.000 Spindeln und rund 1.000 Angestellte. Jetzt war die Firma Kammgarnspinnerei, Wäscherei, Kämmerei, Färberei und Zwirnerei geworden. „1873 hatte Oskar Merkel die Villa Merkel bauen lassen, in der seit 1974 die Galerie der Stadt Esslingen und die Graphische Sammlung der Stadt beheimatet sind", sagt Nolte. Der Verlauf des Triebwerkskanals, mit dem Turbinen und Wasserräder betrieben wurden, ist heute noch im Park zu sehen und prägt das Gelände.

Merkel machte sich nicht nur mit der Schaffung von Arbeitsplätzen, sondern auch mit mehreren Stiftungen um die Stadt verdient, zum Beispiel ließ er das Merkel'sche Schwimmbad bauen, für das er tief in die Börse griff: 400.000 Goldmark soll der Bau gekostet haben. Seine Nachfahren waren ebenso großzügig und vor allem modern: Fritz Merkel richtete im Jahre 1949 eine Kita, damals „Werkskinderheim" genannt, für die Kinder der Mitarbeiter ein. Um 7 Uhr begann dort der Tag, auch für die kleine Anneliese Intscher. „Da hat man gar nicht ausschlafen können", erinnert sie sich heute. In der Kita blieben die Kinder, bis die Eltern Feierabend

Anneliese Intscher (links) und Erna Kniele stehen vor ihrer ehemaligen Kita. Bei ihnen ist Erzieherin Melanie Rainbow mit ihren Schützlingen.

hatten. Anneliese Intschers Kita-Freundin Erna Kniele erinnert sich mit Schaudern an den Lebertran, den sie dort essen mussten. „Am Anfang war der flüssig. Das war so schrecklich." Auch an die Mittagsruhe, die man auf „soldatenpritschenähnlichen Betten" machen musste, denken die beiden Damen zurück. Doch es gibt natürlich weitaus mehr sehr angenehme Erinnerungen. An den Christbaum zu Weihnachten zum Beispiel. An die Wolle, die die Firma für Handarbeiten zur Verfügung stellte. An den Adventskalender. Und Anneliese Intscher wird auch nie den Mohrenkopf vergessen, den sie sich am Verkaufsstand bei der Firma kaufen durfte, wenn sie mittags ihre Mutter auf dem Weg zur Kantine besuchte. Schwer habe die Mutter in der Spinnerei mit den großen Wollspindeln geschuftet. „Und da mussten sie auch im Gruppenakkord arbeiten. Da durfte keine ausfallen. Meine Mutter ist nie zu Hause geblieben, wenn ich krank war." Dann blieb die kleine Anneliese alleine daheim, in dem Arbeiterbehelfsheim der Firma Merkel.

In den 1970er-Jahren ging es mit der Firma zuende, die Probleme in der Textilindustrie hat sie nicht überstanden. Die Stadt kaufte das Grundstück und widmete es zur Grünfläche um. Aber in der einstigen Merkel-Kita werden auch heute noch die kleinsten Bürger Esslingens betreut.

Lebertran müssen sie allerdings nicht mehr essen. Und statt Soldatenpritschen gibt es für die Mittagspause kleine Zwergenbettchen.

47

ST. CATHARINA

Elke Linsenmaier bringt der
mutigen, intelligenten Katharina
Bewunderung entgegen.

Schwert und Rad
Mutige Frau und trinksüchtige Spitäler

Neben dem Eingang des Kielmeyerhauses ist ein merkwürdiges Relief in die Wand eingelassen. Eine Frau, die ein Schwert hält, ist darauf zu sehen und ein Rad. „Das ist die heilige Katharina", erzählt Elke Linsenmaier, Leiterin der Esslinger Stadtinformation. Und damit ist auch schon vieles erklärt, denn die kluge, schöne und mutige Katharina von Alexandrien wurde im Jahr 307 unter dem römischen Kaiser Maximinus Daia als Märtyrerin gerädert und enthauptet. Was das mit Esslingen und speziell mit dem Kielmeyerhaus zu tun hat? Einer Legende zufolge soll Katharina sich in Alexandrien von ihrer Gefangenschaft und sogar von dem mit Stacheln versehenen Rad, auf das man sie gebunden hatte, befreit haben und vor ihren Häschern bis nach Esslingen geflohen sein. Dort stellten sie ihre Verfolger zwar, aber sie bat den Richter um ein Gottesurteil: Er sollte eine Linde falsch herum pflanzen. Wenn diese wachsen würde, sollte man das als Zeichen ihrer Unschuld ansehen. „Die Wurzeln haben dann auch tatsächlich ausgeschlagen", sagt Elke Linsenmaier. Ein Lindenbaum an der Stelle, an der sich das Ereignis zugetragen haben soll, erinnert heute noch an diese Heiligenlegende. Tatsächlich starb Katharina am 25. November 307 in Alexandrien durch das Schwert. Um aber im Reich der Legenden zu bleiben: Sie soll dem Esslinger Spital, das später sogar „Katharinen-Spital" genannt wurde, ihr Vermögen vererbt haben. Doch hätte sie sehr lange leben müssen, um dem Spital tatsächlich ihr Erbe zu hinterlassen, wurde das Haus, das Armen, Kranken, Waisen, Wöchnerinnen und Fremden ein Heim bot, doch erst 1232 urkundlich erwähnt.

„1290 zog das Spital dann hier her an den Marktplatz", erzählt Elke Linsenmaier. „1484 brannte der ganze Komplex ab und wurde neu gebaut. Der zog sich rüber bis zur Stadtkirche St. Dionys, über den ganzen Marktplatz", sagt sie staunend. Denn von dem riesigen Gebäude ist heute nichts mehr zu sehen außer dem Kielmeyerhaus, der einstigen Spitalkelter. Leisten konnte sich das Spital den Wiederaufbau nach

Die heilige Katharina mit Schwert und Rad.

dem Brand ohne Weiteres. „Hier lebten nicht nur Arme und Kranke, sondern es war auch ein Altenheim", erklärt sie. Die so genannten „Pfründner" konnten sich das Recht, dort ihren Lebensabend zu verbringen, gewissermaßen erkaufen – viele, sagt Elke Linsenmaier, hätten dem Spital auch ihre Häuser vermacht. Außerdem wurde kräftig gespendet. „Viele Leute haben was gestiftet oder dem Spital auch ihren Besitz vererbt." Schließlich waren derlei Handlungen gut für's Seelenheil, zumal man im Spital als Dankeschön für die Stifter betete. Die Frauengeschichtswerkstatt verdeutlicht in einer Publikation den Reichtum das Hauses: „Um 1300 besitzt das Katharinen-Spital Weinberge, Äcker, Wiesen, Mühlen und Höfe in ungefähr 110 Ortschaften." Doch wer wohlhabend ist, wird beneidet: Die Stadt Esslingen wollte an dem Reichtum des kirchlichen Spitals teilhaben und brachte es nach und nach in ihren Besitz. Und das war dann der Anfang vom Ende.

„Die Spitalgebäude werden vernachlässigt und sind 1817 endgültig abgerissen. Das ehemalige Klarakloster in der Obertorvorstadt wird dann als Armen- und Krankenhaus eingerichtet. Dort ist heute das Altenheim Obertor untergebracht." Werner Haug schreibt in seinem Buch über das Spital: „Es ist klar, daß seine Verwaltung nicht in Ordnung sein konnte, wenn Ratsherren und oberste Beamte in hohem Maße den Unsitten der Völlerei, Trunksucht und Kleiderpracht verfielen." Verordnungen oder Strafen für nachlässige Beamte, die sich kräftig zu ihren Gunsten verrechneten, habe es kaum gegeben: „Auch glaubte man den Spitalbeamten bei der Abrechnung alles, so daß es nicht verwundert, wenn sie sich schließlich nicht bloß an den Frucht- und Weinvorräten, sondern auch am Geld der Anstalt vergriffen."

So ging also nieder, was die schöne, kluge Katharina kurz vor ihrem Tod mit ihrem Besitz noch möglich gemacht haben soll.

So geht's zum Schwert und zum Rad:

Das Relief befindet sich links vom Eingang des Kielmeyerhauses, Marktplatz 2.

Oberbürgermeister Dr. Jürgen Zieger im Schwörhof.

Schwörhof

„Eine Besonderheit dieser Stadt"

Er ist zwar schön, aber auch ziemlich unscheinbar: Dass es sich bei diesem Platz um einen der symbolträchtigsten Orte Esslingens handelt, das mag wohl keiner, der es nicht weiß, erahnen. „Hier fand früher der Schwörtag statt und der war ab dem 14. Jahrhundert das Symbol des bürgerlichen Miteinanders", sagt Oberbürgermeister Dr. Jürgen Zieger. „Jeweils am Jakobitag, also am 25. Juli, haben der Bürgermeister und der Gemeinderat den Bürgern geschworen, ihr Bestes zu geben."

Als Esslingen Anfang des 19. Jahrhunderts im Zuge der Mediatisierung seinen Status als Freie Reichsstadt verlor und in das Herzogtum Württemberg eingegliedert wurde, ging diese Tradition zu Ende.

Jürgen Zieger wäre nie in den Genuss gekommen, seinen Bürgern in diesem Hof Rechenschaft über sein Tun abzulegen und zu versprechen, sich nach Kräften um das Wohl der Stadt zu bemühen, wenn nicht sein Vorgänger im Amt, Ulrich Bauer, den Schwörtag

So geht's zum Schwörhof:

Der Schwörhof befindet sich am Marktplatz 12.

im Jahre 1990 hätte wiederaufleben lassen. „Und zwar genau an diesem Ort, an dem er viele Jahrhunderte zuvor schon gepflegt wurde und an dem auch bis 1392 der Rat getagt hat", begeistert sich Zieger.

Bis 1801 sei der Schwörtag ein zentrales Ereignis in Esslingen gewesen, blickt der Oberbürgermeister weit in die Geschichte zurück. „Zweifellos waren die Menschen damals anders gekleidet, und meine Vorgänger sind mit Zylinderhut und Frack dort hingegangen," vermutet Zieger schmunzelnd, der selbst eher die moderne Variante der OB-Kluft, Anzug und Krawatte, vorzieht. Die besondere Stimmung beim gegenseitigen Treueschwur, der schon 1789 in Briefen als ein Akt beschrieben wird, bei dem man kaum „laut zu athmen" wagte, ist nach wie vor geblieben. Auch heute noch verhalten sich die Bürger, die sich am Schwörtag auf dem Schwörhof versammeln, still und ehrfürchtig. „Der Schwörtag hat vor Jahrhunderten den Zusammenhalt in der Stadt gefördert, und ich finde, das ist heute noch zu spüren", sagt Zieger.

Deshalb freut sich das Stadtoberhaupt so darüber, dass das Ablegen der jährlichen Rechenschaft ausgerechnet im Schwörhof stattfindet. Einen solchen Platz zu haben, sei schon eine Besonderheit Esslingens, „denn es gibt nur noch wenige Städte, die – wenn sie überhaupt solche Orte hatten – noch darüber verfügen." Und auch wenn der Oberbürgermeister heute keinen Zylinder und Frack mehr trägt, so ist Jürgen Zieger doch jedes Jahr aufs Neue ein kleines bisschen nervös, wenn er am Schwörtag vor seine Bürger tritt. Wie vermutlich schon seine Vorgänger. Es gibt eben Dinge, die sich durch viele Jahrhunderte hindurch nicht ändern.

49

Bei genauem Hinsehen kann man den Unterschied zwischen den echten und den aufgemalten Fugen genau erkennen.

Fugen

Gleichmäßig dank Pinselstrich

Dieses Mauerwerk ist sehr gerade und sehr gleichmäßig. Zumindest scheint das auf den ersten Blick so. Bei näherem Hinsehen stellt der Betrachter dann allerdings fest: Es finden sich lauter weiße Linien auf den Steinen, die nur manchmal mit den Fugen zwischen den Steinen übereinstimmen. Die Steine sind gar nicht so gerade, wie es den Anschein erweckt, sondern die ordentlichen Fugen sind einfach aufgemalt. Warum das?

Die Bemalung wurde im Barock angebracht, wohl mit dem Ziel, das Mauerwerk gleichmäßiger erscheinen zu lassen. Und das ist auch schon das ganze Geheimnis. Warum man der Kirche eine schönere Fassade verleihen wollte? Möglicherweise, um ihre Bedeutung hervorzuheben: Esslingen ist eine der ältesten Niederlassungen der Dominikaner auf deutschem Boden. Zunächst lebten die Dominikaner seit 1221 beim Mettinger Tor, danach zogen sie 1233 in die Stadt und errichteten nach und nach Kloster und Kirche. 1531 mussten sie Esslingen auf der Flucht vor der Reformation verlassen, im Bildersturm wurde die Kirche 1532 ihrer Schätze beraubt. Der damalige Prior bestand auf einer Entschädi-

Aufgemalte Linien lassen das Mauerwerk besonders gerade erscheinen.

So geht's zu den Fugen:

Das Münster St. Paul mit den aufgemalten Fugen befindet sich am Marktplatz 8.

gung und erkämpfte 1564 einen Preis von gerade mal 4800 Gulden von der Stadt. Die Kirche verfiel immer mehr, bis das Gotteshaus 1664 umfassend renoviert wurde. Dabei wurden auch die weißen Fugenzeichnungen aufgebracht und bei der letzten Außenrenovierung im Jahre 1989 erneuert.

1804 wurde die Kirche profaniert und diente viele Jahre lang als Lagerhalle und als Weinstube. 1860 hatte das unglückliche Schicksal der Dominikanerkirche ein Ende, die katholische Gemeinde kaufte sie für stolze 15000 Gulden.

Wie viele der Gläubigen, die hier regelmäßig zum Gottesdienst gehen, wohl schon bemerkt haben, dass die geraden Fugen aufgemalt sind?

Das schöne Frauenantlitz
gibt Rätsel auf.

Begine
Esslingens unbekannte Schönheit

Keiner weiß, wer sie ist. Aber sie ist von rätselhafter Schönheit, und deshalb hat sie bereits viele neugierige Blicke geerntet und manch einer hat ihr vielleicht auch schon über die steinerne Wange gestrichen. Auch der Theologe Thomas Richard Schild hat viel über sie nachgegrübelt und er sagt: „Für mich ist das eindeutig eine Begine." Eindeutig? Nein, so klar verrät die Frauenbüste, die auf Augenhöhe in der Milchstraße sitzt, ihre Identität nicht. Zumal es durchaus zu ihrem Charme beiträgt, dass sie so geheimnisumwittert ist. „Stimmt, eindeutig ist es gar nicht", räumt Schild dann auch gleich ein und fügt schmunzelnd hinzu: „Ich will, dass es eine Begine ist. Ich mag die Beginen und bin stolz drauf,

171

So geht's zur Begine:

Die Begine befindet sich an der Nordwand des Hauses Ritterstraße 1. An diesem Eckhaus führt auch die Milchstraße vorbei. Von der Milchstraße aus kann man die Begine auf Augenhöhe sehen.

dass Esslingen ein solches Denkmal hat." Beginen waren Frauen, die sich zu einer Gemeinschaft zusammengeschlossen haben, um ein gottgefälliges Leben zu führen. Sie lebten ehelos, manche waren wohl verwitwet und verzichteten, obwohl sie teils über großes Vermögen verfügten, auf persönlichen Besitz. In Esslingen lässt sich das Beginentum erstmals im Jahr 1268 belegen, als das Speyrer Domkapitel es in seinem Einkünfteverzeichnis aufführt. Schon um 1300 zogen mehrere Beginen von außerhalb nach Esslingen, um hier ein gläubiges Leben in sexueller Enthaltsamkeit zu führen. „All diese Quellenbelege deuten darauf hin, dass im selben Zeitraum mehrere Gruppen von Beginen unabhängig voneinander in Esslingen lebten, die meist wohl nicht aus Esslingen stammten", schreibt Iris Holzwart-Schäfer in ihrem Aufsatz „Beginen, Terziarinnen und Terziaren".

Die verschiedenen Beginenhäuser, sagt der Historiker und Theologe Dr. Oliver Schütz, hätten an unterschiedlichen Orten gestanden: in der Franziskanergasse, im Heppächer und beim Frauentor. „Manchmal haben die Leute diese Beginenhäuser dann auch als ‚Klösterle' bezeichnet." Nach dem frühen 14. Jahrhundert tauchten wohl keine Beginen mehr in den Esslinger Urkunden auf. Jedoch schrieb der Dominikaner Felix Fabri um 1490, es gebe „nirgendwo auf der ganzen Welt so viele Frauenklöster, Inklusorien und Beginenhäuser auf so engem Raum wie im Umkreis von zehn Meilen um die Stadt Esslingen am Neckar". Wie passt das zusammen? Iris Holzwart-Schäfer vermutet, dass die frommen Frauen sich nach dem frühen 14. Jahrhundert „weiblichen Zweigen der Bettelorden anschlossen", also durchaus noch in Esslingen lebten, aber eben nicht mehr im eigenständigen Beginentum. Sie schreibt: „Felix Fabris (...) Aussage legt nahe, dass es in Esslingen auch später noch vereinzelte Beginen gab. Doch konnte sich in Esslingen kein größeres, länger bestehendes Beginenhaus etablieren."

Das Beginenhaus in der Nähe des Franziskanerklosters konnten die Beginen aber wohl noch im Jahr 1490 ihr eigen nennen: Zu ihm gehörte eine Weberei, denn wenn sie sich auch viel um die Kranken und Sterbenden kümmerten, so widmeten sich die frommen Frauen doch auch der Textilproduktion. Ob die schöne Unbekannte in der Milchstraße also ihre Tage am Webstuhl verbrachte? „Wir wissen es einfach nicht. Aber dieses Bildnis ist ungewöhnlich. So schnell findet man im süddeutschen Raum nichts Vergleichbares", unterstreicht Thomas Richard Schild die Bedeutung der steinernen Frauenbüste. Es könne auch sein, dass sich eine reiche Frau einfach ein Porträt leistete. Oliver Schütz ist sich – im Gegensatz zu Schild – sicher, dass es keine Begine ist: „Das ist ein Kopf aus einer Kreuzwegdarstellung, die im Bildersturm zerstört wurde und an diesem Haus angebracht wurde." Es mache keinen Sinn, einer Begine, über die es kaum schriftliche Zeugnisse gibt, ein derart monumentales Bildnis zu setzen. Der Kunsthistoriker Dr. Christian Ottersbach wiederum überlegt, möglich sei auch, dass es sich um das Abbild einer älteren, verheirateten Frau handelt, „denn durchaus trugen verheiratete Damen im späten 15. Jahrhundert so eine Schleiermode". Der Tracht zufolge könne es aber auch eine Nonne sein. „Genauso gut ist möglich, dass es sich um den Rest einer Heiligenfigur handelt." Relativ wahrscheinlich ist jedenfalls, dass die Hauswand nicht der originäre Platz des Bildnisses ist. Es könne, meint der Kunsthistoriker, durchaus sein, dass das steinerne Bildnis bei Grabungen gefunden wurde. „Man fand es hübsch und hat es dort eingesetzt." Dr. Andreas Panter vom Denkmalamt geht denn auch davon aus, dass es eine Spolie ist, die nachträglich dorthin verbracht wurde.

Mehr weiß auch der Denkmalschützer nicht über die schöne Fremde. Und sie verrät auch nicht mehr. Fest geschlossen sind ihre steinernen Lippen und hüten auf immer ihr Geheimnis.

Danksagung

Geheimnisse sind ständig einer Gefahr ausgeliefert. Der Gefahr, vergessen zu werden. Ohne Menschen, die ihr Wissen zum rechten Zeitpunkt weitergeben, würden enorme Schätze für immer verloren gehen. Wir danken all jenen, die ihr Wissen mit uns geteilt und sich viel Zeit genommen haben, um uns auf unserer Spurensuche zu begleiten.

Der Eßlinger Zeitung und der Esslinger Stadtmarketing & Tourismus GmbH danken wir für das Vertrauen und die Unterstützung.

Ein riesiges Dankeschön geht an unsere Familien und Freunde für die großartige Unterstützung. Fürs Rückenfreihalten, Korrekturlesen und für die juristische Beratung. Und unseren Kindern danken wir für die Geduld, die sie aufbrachten, wenn wir sie bei der Geheimnissuche auch mal stundenlang durch die Stadt schleppten oder vor lauter Schreiben die Zeit vergaßen.

Literatur, Quellen und Fotos

Akten Williardts 34. Stadtarchiv Esslingen.

Anstett, Peter R.:
Landesdenkmalamt Baden-Württemberg. Die Stadtkirche St. Dionysius
in Esslingen a.N. II.

Auer, P. Wilhelm, nach Vogel, P. Matthäus S. J.:
Goldene Legende. Leben der lieben heiligen Gottes auf alle Tage des
Jahres. Köln 1902, S. 556–558, S. 946 f.

Bauer, Jörg; Knapp, Ulrich:
„Dominikanerkloster." In:
Fast, Kirsten; Halbekann, Joachim J. (Hrsg.): Zwischen Himmel und
Erde. Klöster und Pfleghöfe in Esslingen. Esslingen 2009, S. 259–267.

Bayer, Dorothee:
Esslinger Heimatbuch. Esslingen am Neckar 1982, S. 9–26, S. 129–138,
S. 166–167.

Bernhardt, Walter:
Der Esslinger Stadtbrand 1701. Unveröffentlichtes Manuskript, o.O. 2001.

Bischof Hugo von Konstanz vom 18. März 1517, Bestand Reichsstadt
Faszikel 152. In: Rojnica, Ursula:
„Ain kurtzerUßzug auß einer Chronica ..." Die Chronik des Esslinger
Tuchscherers und Kaufhausverwalters Georg Wagner. Esslinger Studien
38 / 1999.

Briefe an einen Freund. Eßlingen, Beschreibung des jährlichen Schwör-
tags der Reichsstadt Eßlingen. Faksimiledruck nach dem Original von
1789. H.Th. Schmidt, Buchhandlung, Esslingen o.J.

Dick:
175 Jahre Dick, Festschrift der Firma Friedr. Dick, o.O. 1928.

Diehl, A. (Hrsg.):
Dionysius Dreytweins Esslingische Chronik. Stuttgart 1901, S. 50.

Eberhardt, Paul:
„Aus Alt-Eßlingen." Gesammelte Aufsätze geschichtlichen und topographischen Inhalts. 2. verbesserte Auflage, Eßlingen am Neckar 1924, S. 56–64, S.106, S.112–118, S. 140–164.

Ermel, Werner:
„Wappen und Merkwürdigkeiten an alten Häusern Esslingens." Zulassungsarbeit zur 1. Dienstprüfung für das Lehramt an Volksschulen. Eßlingen, April 1968.

Eßlinger Zeitung vom 11. November 1877.

Eßlinger Zeitung 1914, Nr. 64.

Esslinger Blutbuch II, p. 175–179. StAL B 169 Bü 119.

Franziskanerkirche Esslingen, herausgegeben im Auftrag der Evangelischen Gesamtkirchengemeinde Esslingen von Peter Köhle. Schwäbische Kunstdenkmale Heft 60. Weißenhorn, 2004.

Frauengeschichtswerkstatt Esslingen:
„Mit Adler Friedrich durch die Geschichte der Stadt Esslingen am Neckar." Esslingen am Neckar 2009. S. 34–35.

Gassmann, Heidi:
„Agnes Henk – Portrait einer Hexe." In:
Frauen leben Geschichte. Esslingen 1996, S. 44–50.

Hahn, Joachim:
„Jüdisches Leben in Esslingen. Geschichte, Quellen und Dokumentationen." In:
Stadtarchiv Esslingen am Neckar (Hrsg.): Esslinger Studien, Band 14. Esslingen 1994, S. 17–18, S. 23–39, S. 123–127, S. 167 ff., S. 211–213.

Halbekann, Joachim J.; Unger, G.:
„Speyrer Pfleghof." In:
Fast, Kirsten; Halbekann, Joachim J. (Hrsg.): Zwischen Himmel und Erde. Klöster und Pfleghöfe in Esslingen. Esslingen 2009, S. 353–361.

Halbekann, Joachim J.; Knapp, Ulrich:
„Franziskanerkloster." In:
Fast, Kirsten; Halbekann, Joachim J. (Hrsg.): Zwischen Himmel und
Erde. Klöster und Pfleghöfe in Esslingen. Esslingen 2009, S. 273–280.

Halbekann, Joachim J.:
Vom knöchernen zum papiernen Gedächtnis. 400 Jahre Stadtarchiv Esslingen in der Allerheiligenkapelle. Stadtarchiv Esslingen 2010.

Haug, Werner:
„Das St.-Katharinen-Hospital der Reichsstadt Esslingen. Geschichte,
Organisation und Bedeutung." In:
Stadtarchiv Esslingen (Hrsg.): Esslinger Studien, Schriftenreihe Band 1.
Rottweil 1965, S. 62–63.

Herzog Heinrich von Württemberg:
Brief an Georg Christian von Kessler. Wirtschaftsarchiv Baden Württemberg, Bestand Y 267 (Kessler Sekt), Nr. 266.

Holzwart-Schäfer, Iris:
„Beginen, Terziarinnen und Terziaren." In:
Fast, Kirsten; Halbekann, Joachim J.: Zwischen Himmel und Erde. Klös-
ter und Pfleghöfe in Esslingen. Esslingen 2009. S. 299–303.

Jaeger, Falk:
„Das Dominikanerkloster in Esslingen. Baumonographie von Kirche und
Kloster." In:
Stadtarchiv Esslingen am Neckar (Hrsg.): Esslinger Studien, Schriften-
reihe Band 13. Sigmaringen 1994, S. 119 ff.

Jerouschek, Günter:
„Die Hexen und ihr Prozeß. Die Hexenverfolgung in der Reichsstadt Ess-
lingen." In:
Stadtarchiv Esslingen (Hrsg.): Esslinger Studien. Schriftenreihe Band 11.
Sigmaringen 1992, S. 66–72, S. 147 ff., S. 234–235.

Jerouschek, Günter:
„Der Hexenprozeß als politisches Machtinstrument. Der mysteriöse Tod des Hexeninquisitors lic. Jur. Daniel Hauff und das Ende der Hexenverfolgung in Esslingen. Überlegungen zur Psychohistorie der Hexenverfolgung." In:
Stadtarchiv Esslingen (Hrsg): Esslinger Studien. Zeitschrift 30/1991.

Köhle, Peter (Hrsg.):
Schützende Engel – Speiende Dämonen. Die Wasserspeier der Esslinger Frauenkirche und HAP Grieshaber. Selbstverlag Peter Köhle, Esslingen 2011.

Köhle, Peter:
Die Uhr am Alten Rathaus in Esslingen am Neckar. Weißenhorn 2003.

Kulturdenkmale in Baden-Württemberg. Stadt Esslingen Am Neckar. Denkmaltopographie Baden-Württemberg. Ostfildern 2009, S. 103–105, S. 114, S. 117–126, S.132, S. 137, S. 140–143, S. 155–156, S. 174–186, S. 205–206, S. 230–241, S. 265–267, S. 270–275.

Kümmel, Ursula; Ottersbach, Chr.:
„Fürstenfelder Pfleghof und Kelter." In:
Fast, Kirsten; Halbekann, Joachim J. (Hrsg.): Zwischen Himmel und Erde. Klöster und Pfleghöfe in Esslingen. Esslingen 2009, S. 325–329.

Kümmel, Ursula, Ottersbach, Chr.:
„Kaisheimer Pfleghof und Kelter." In:
Fast, Kirsten; Halbekann, J. (Hrsg.): Zwischen Himmel und Erde. Klöster und Pfleghöfe in Esslingen. Esslingen 2009, S. 331–335.

Maier, Kurt:
„Das Strafrecht der Reichsstadt Esslingen im Spätmittelalter und zu Beginn der Neuzeit." Inauguraldissertation zur Erlangung des Doktorgrades einer Hohen Rechts- und Wirtschaftswissenschaftlichen Fakultät der Eberhard-Karls-Universität zu Tübingen. Stuttgart 1960, S. 65, S. 134–135.

Merian extra. Esslingen. Ferien zwischen Alb und Neckar. Hamburg 2007, S. 134.

Ottersbach, Christian; Ziehr, Claudius (Hrsg.):
Esslingen am Neckar. Kunsthistorischer Stadtführer. 3. überarbeitete
Auflage, Esslingen 2005, S. 28, S. 38 ff., S. 46 ff., S. 61 ff., S. 81 ff.,
S. 89 ff.

Ottersbach, Christian:
„Die Esslinger ‚Burg'. Eine reichsstädtische Befestigungsanlage als Aus-
druck bürgerlicher Macht." In:
Marburger Corresponsdenzblatt zur Burgenforschung. Jahrbuch des
Marburger Burgen-Arbeitskreises, Heft 1, 1997/98, S. 13–22.

Pulz, Waltraud:
„Nahrungsenthaltung – ein gefundenes Fressen: Anna Ulmer (1527–
1564) aus Esslingen und die anderen." In:
Stadtarchiv Esslingen (Hrsg.): Esslinger Studien. Zeitschrift 43/2004.
Sigmaringen 2004, S. 81–103.

Rojnica,Ursula:
„Abfallentsorgung und Umweltbewußtsein in der Reichsstadt Esslingen."
In:
Eßlinger Studien, Band 36/1997, S. 79–104.

Ratsprotokoll vom 3. Juli 1564, Stadtarchiv Esslingen.

Ratsprotokoll vom 12. Oktober 1564, Stadtarchiv Esslingen.

Ratsprotokoll vom 11. März 1609, Stadtarchiv Esslingen.

Ratsprotokoll vom 3. Dezember 1612.

Ratsprotokoll vom 29. August 1689, Stadtarchiv Esslingen.

Stadtarchiv Esslingen:
450 Jahre Reformation in Esslingen. Ausstellung des Stadtarchivs Esslingen vom 31. Oktober 1981 bis 17. Januar 1982 im Schwörhaus am
Marktplatz. Sigmaringen 1981, S. 63–64, S. 111–123,

Schild, Thomas R.:
„Jüdisches Esslingen. Einladung zu einem Rundgang." DENK-ZEICHEN
e.V. Esslingen (Hrsg.). Haigerloch 2003.

Schild, Thomas R.:
Die Franziskaner in Esslingen, Esslingen 2000, S. 36, S. 42.

SWE Stadtwerke Esslingen:
„Mein Stadtwerk. Das Kundenmagazin der Stadtwerke Esslingen für die
Region", Ausgabe 02/2013.

Schütz, Oliver; Ottersbach, Christian:
„Salemer Pfleghof." In:
Fast, Kirsten; Halbekann J. (Hrsg.): Zwischen Himmel und Erde. Klöster
und Pfleghöfe in Esslingen. Esslingen 2009, S. 344–348.

Wikipedia:
Albert Benz (Architekt). URL: www.de.wikipedia.org/wiki/Albert_Benz_
(Architekt) Stand: 24. Juni 2013.

Wikipedia:
Beginen und Begarden. URL: www.de.wikipedia.org/wiki/Beginen_und_
Begarden . Stand: 12. Juni 2013.

Wikipedia:
Friedr. Dick GmbH. URL: www.de.wikipedia.org/wiki/Friedr._Dick_
GmbH,. Stand: 27. Mai 2013.

Wikipedia:
Katharina von Alexandrien. URL: www.de.wikipedia.org/wiki/Katha-
rina_von_Alexandrien Stand: 14. Juni 2013.

Wikipedia:
Michael Stifel. URL:
www.de.wikipedia.org/wiki/Michael_Stifel. Stand: 14. August 2013.

Wikipedia:
Esslingen am Neckar URL: www.de.wikipedia.org/wiki/Esslingen_am_
Neckar#B.C3.BCrgerfest_und_Schw.C3.B6rtag. Stand: 3. Juli 2013.

Haftungsausschluss

Trotz intensiver Gespräche mit unseren Gesprächspartnern, gewissenhafter Literaturrecherche und aufmerksamem Korrekturlesen erheben wir weder einen Anspruch auf Vollständigkeit noch auf Fehlerlosigkeit. Wir haben streng darauf geachtet, keine Urheberrechte zu verletzen. Unsere Recherchen sind nach bestem Wissen und Gewissen erfolgt. Dennoch übernehmen wir keinerlei Gewähr für die Aktualität, Korrektheit oder Vollständigkeit der bereitgestellten Informationen. Haftungsansprüche gegen uns schließen wir grundsätzlich aus.

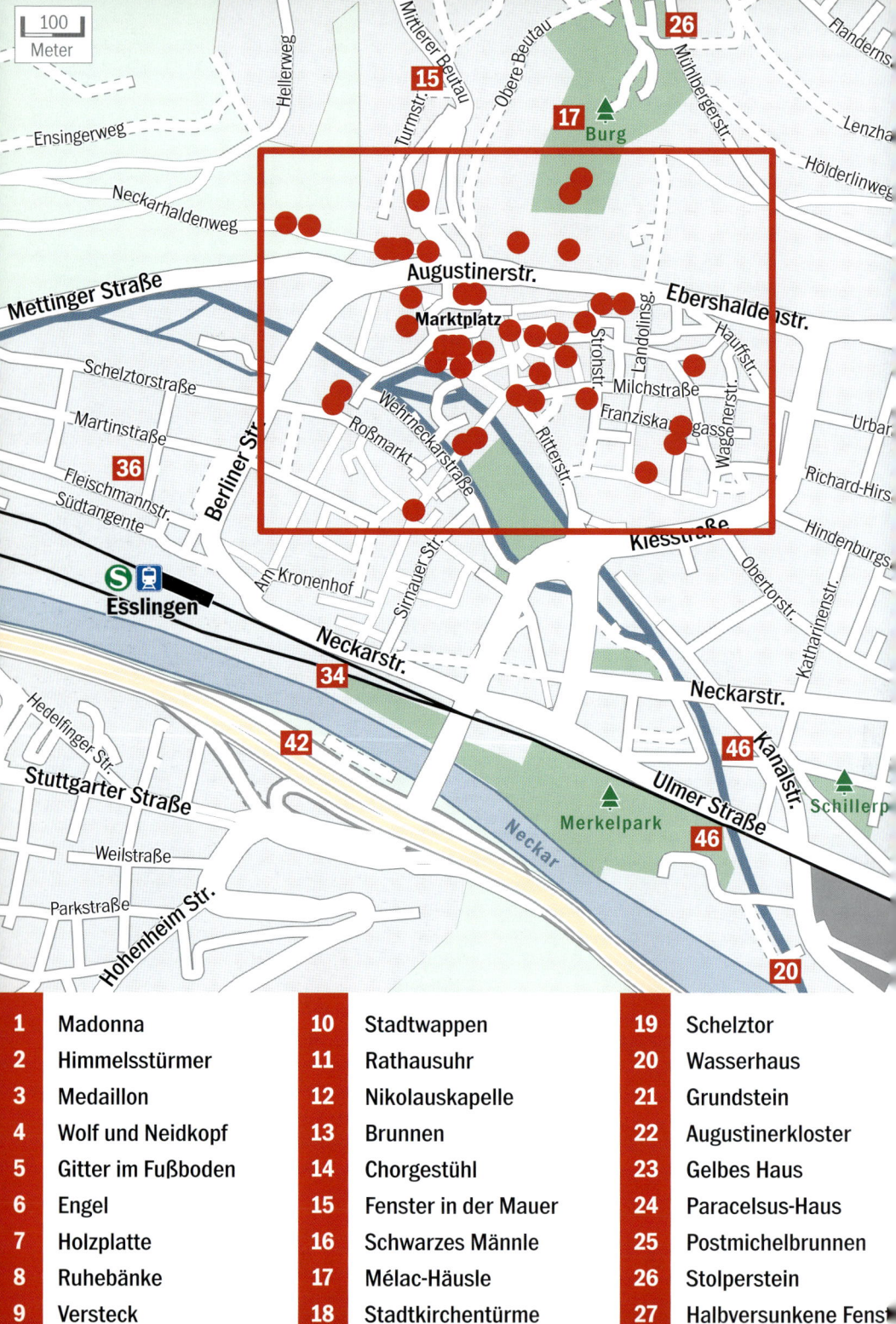

1	Madonna	**10**	Stadtwappen	**19**	Schelztor
2	Himmelsstürmer	**11**	Rathausuhr	**20**	Wasserhaus
3	Medaillon	**12**	Nikolauskapelle	**21**	Grundstein
4	Wolf und Neidkopf	**13**	Brunnen	**22**	Augustinerkloster
5	Gitter im Fußboden	**14**	Chorgestühl	**23**	Gelbes Haus
6	Engel	**15**	Fenster in der Mauer	**24**	Paracelsus-Haus
7	Holzplatte	**16**	Schwarzes Männle	**25**	Postmichelbrunnen
8	Ruhebänke	**17**	Mélac-Häusle	**26**	Stolperstein
9	Versteck	**18**	Stadtkirchentürme	**27**	Halbversunkene Fenst

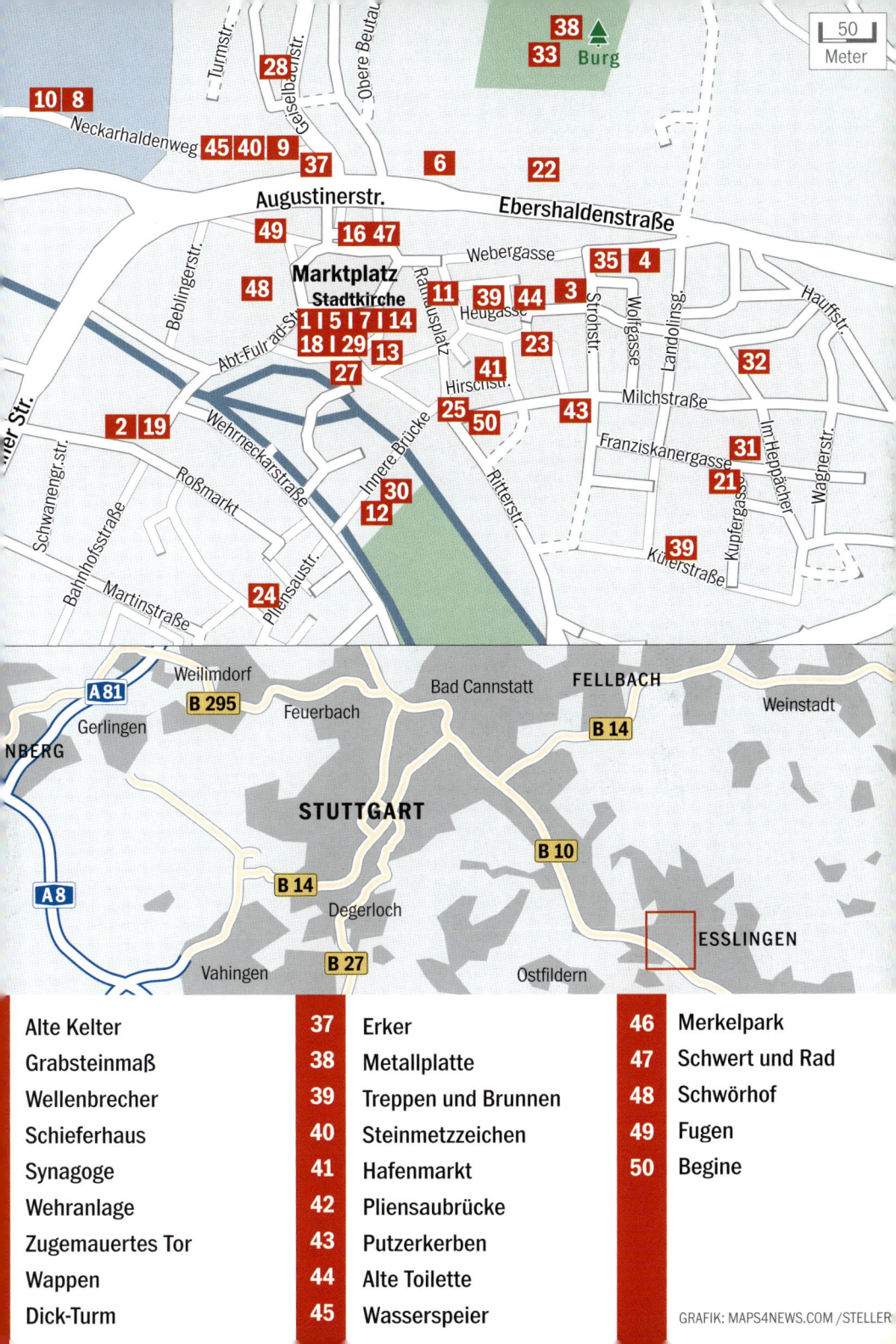

10 **8**
Neckarhaldenweg **45** **40** **9**
37
6
22
Augustinerstr.
Ebershaldenstraße

28
38
33 Burg
50
Meter

Turmstr.
Obere Beutau
Gieselbachstr.

49
16 **47**
Webergasse
35 **4**

Marktplatz
Stadtkirche
48
11 **39** **44** **3**
Heugasse
1 **5** **7** **14**
18 **29** **13**
23
27
41
Hirschstr.
25 **50**
43
Milchstraße

Beblingerstr.
Rathausplatz
Strohstr.
Wolfgasse
Landolinsg.
Hauffstr.
32

2 **19**
Wehrneckarstraße
Innere Brücke
30
12
Ritterstr.
Franziskanergasse
21
31
Im Heppächer
Kupfergässle
Wagnerstr.

Schwanengr.str.
Roßmarkt
Bahnhofstraße
Schwanenstraße
Martinstraße
24
Pliensaustr.
39
Küferstraße

ter Str.

A 81
Weilimdorf
Bad Cannstatt
FELLBACH
Weinstadt
B 295
Feuerbach
Gerlingen
B 14
NBERG
STUTTGART
B 10
B 14
Degerloch
A 8
B 27
Vahingen
Ostfildern
ESSLINGEN

Alte Kelter		**37**	Erker		**46**	Merkelpark
Grabsteinmaß		**38**	Metallplatte		**47**	Schwert und Rad
Wellenbrecher		**39**	Treppen und Brunnen		**48**	Schwörhof
Schieferhaus		**40**	Steinmetzzeichen		**49**	Fugen
Synagoge		**41**	Hafenmarkt		**50**	Begine
Wehranlage		**42**	Pliensaubrücke			
Zugemauertes Tor		**43**	Putzerkerben			
Wappen		**44**	Alte Toilette			
Dick-Turm		**45**	Wasserspeier			

GRAFIK: MAPS4NEWS.COM /STELLER

Weitere Geheimnisse der Heimat
finden Sie in ...

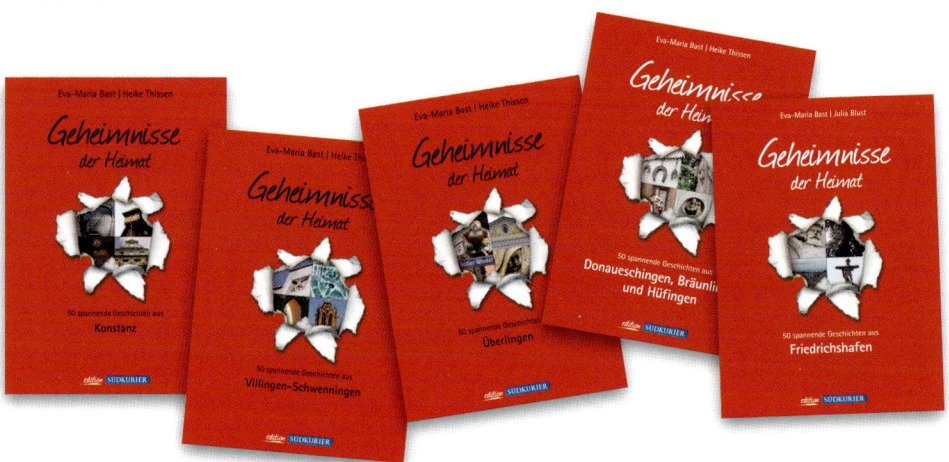

ERSCHIENEN IM WINTER 2011:

Eva-Maria Bast | Heike Thissen

Geheimnisse der Heimat
Konstanz, Band 1

Die Lieferung ist kostenlos.
14,90 Euro.

ISBN 978-3-00-035899-9

Eva-Maria Bast | Heike Thissen

Geheimnisse der Heimat
Villingen-Schwenningen

Die Lieferung ist kostenlos.
14,90 Euro.

ISBN 978-3-00-035900-2

Eva-Maria Bast | Heike Thissen

Geheimnisse der Heimat
Überlingen, Band 1

Die Lieferung ist kostenlos.
14,90 Euro.

ISBN 978-3-00-035898-2

ERSCHIENEN IM WINTER 2012:

Eva-Maria Bast | Heike Thissen

Geheimnisse der Heimat
Donaueschingen,
Bräunlingen und Hüfingen

Die Lieferung ist kostenlos.
14,90 Euro.

ISBN 978-3-9815564-1-4

Eva-Maria Bast | Julia Blust

Geheimnisse der Heimat
Friedrichshafen

Die Lieferung ist kostenlos.
14,90 Euro.

ISBN 978-3-9815564-0-7

Eva-Maria Bast | Sibylle Schwenk

Geheimnisse der Heimat
Aalen und Wasseralfingen

Die Lieferung ist kostenlos.
14,90 Euro.

ISBN 978-3-9815564-2-1

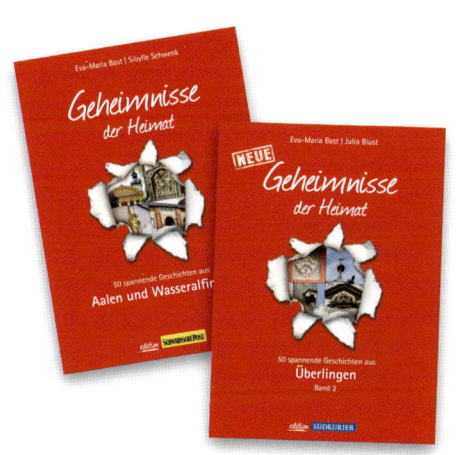

• • •

und mehr.

ERSCHIENEN IM WINTER 2013:

Eva-Maria Bast | Heike Thissen

Geheimnisse der Heimat
Tübingen

Die Lieferung ist kostenlos.
14,90 Euro.

ISBN 978-3-9815564-4-5

Eva-Maria Bast | Julia Blust

Geheimnisse der Heimat
Überlingen, Band 2

Die Lieferung ist kostenlos.
14,90 Euro.

ISBN 978-3-9815564-3-8

Eva-Maria Bast | Heike Thissen

Geheimnisse der Heimat
Konstanz, Band 2

Die Lieferung ist kostenlos.
14,90 Euro.

ISBN 978-3-9815564-6-9

Alle Bücher erhalten Sie im Buchhandel oder online unter: www.buero-bast.de

Sie wollen
Mehr Esslinger Geheimnisse entdecken
und die Stadt noch besser kennenlernen?

Martin Beutelspacher
Stadtmuseum Esslingen

Hafenmarkt 7 | 73728 Esslingen
Tel: 0711 / 35 12-3320
E-Mail: martin.beutelspacher@esslingen.de
Internet: www.museen-esslingen.de

Esslinger Stadtmarketing & Tourismus GmbH
Über 40 Themenführungen und touristische Angebote.

Späth'sches Haus
Marktplatz 16 | 73728 Esslingen am Neckar
Tel: 0711 / 39 69 39- 69
E-Mail: info@esslingen-marketing.de
Internet: www.esslingen-marketing.de

Heidi Gassmann
Führungen, Vorträge zu sämtlichen Themen.

Tel: 0711 / 37 17 10

Jörg Ilzhöfer
ILZHÖFERs Event-Kochschule Esslingen
Kochkurse mit „Dick-Messern" und großem Unterhaltungswert, zum
Beispiel: „Schwäbisch – für alle, die die Region lieben" und
„Vom Wochenmarkt zum Hafenmarkt".

Hafenmarkt 12 | 73728 Esslingen
Tel: 0711 / 50 43 97 91
E-Mail: info@ilzhoefers.de
Internet: www.ilzhoefers.de

Peter Köhle
Schützende Engel - Speiende Dämonen.
14,90 Euro. ISBN 978-3-00-033-960-8

Monika & Hans Kusterer
Weingut Kusterer
Verschiedene Veranstaltungen und Führungen rund um das Thema Wein:
Stadtführungen in der ältesten Weinstadt, Terassenweinbergführungen,
Kellerführungen.

Untere Beutau 44 | 73728 Esslingen/Neckar
Tel: 0711 / 35 79 09
Fax: 0711 / 35 08 105
E-Mail: weinwelt.hmkusterer@weingut-kusterer.de
Internet: www.weingut-kusterer.de

Werner Mey
Publikationen und private Stadtführungen zu den Themen:
jüdisches Leben, Neckar und Neckarkanäle, Stadtbild der 50er-Jahre.

E-Mail: mey-esslingen@t-online.de

Peter Schaal-Ahlers,
evangelischer Citypfarrer und Pfarrer an der Stadt- und Frauenkirche
Esslingen, arbeitet im Bereich der Kirchenpädagogik und bietet
verschiedene Stadtführungen, z.B. zur Reformationsgeschichte an.

Tel: 0711 / 30 07 544
E-Mail: Pfarramt.esslingen.city@elkw.de
Internet: www.ev-kirche-esslingen.de

Sabine Schaible M.A.
„Kultur Konsulting - Esslinger Erlebnisführungen", Geisterführungen, Aben-
teuerführungen, Kriminalführungen, Genussführungen, Zeitreisen.

Georg-Friedrich-Händel-Weg 8 | 73770 Denkendorf
Tel: 0711 / 34 60 999
E-Mail: info@esslinger-erlebnisfuehrungen.de
Internet: www.esslinger-erlebnisfuehrungen.de

Thomas Richard Schild
Führungen und Veröffentlichungen zu Esslingen.

Katharinenstr. 51 | 73728 Esslingen
Tel: 0711 / 30 07 462
E-Mail: trschild@gmx.de

Oliver Schütz
Dekanat und Kirchengemeinde Esslingen
Kirchenführungen, spirituelle und religionsgeschichtliche Stadtführungen.

Salemer Pfleghof
Untere Beutau 8-10 | 73728 Esslingen
Tel: 0711 / 79 41 87-0
E-Mail: dekanat@kirche.es
Internet: www.kirche.es

Hubertus von der Goltz
Stationen / Way Points 1976–2006
48,00 Euro. ISBN 978-3-939458-00-5
Internet: www.hubertus-von-der-goltz.de

Gerhard Voß
DENK-ZEICHEN e.V. Esslingen
Das Motto des Vereins lautet: Aus der Geschichte unserer Stadt lernen.
Dieses bezieht sich besonders auf die Geschichte im „Dritten Reich" und die
jüdische Geschichte Esslingens, einschließlich der mittlerweile rund 50
Stolpersteine in Esslingen. Zu diesen Bereichen bietet der Verein auch
Führungen an.
Internet: www.denk-zeichen.de

....
**Viele weitere spannende Bücher zu Esslingen gibts beim
Bechtle-Verlag:**

Bechtle, Graphische Betriebe und Verlagsgesellschaft
(Bechtle Verlag und Esslinger Zeitung) GmbH & Co.KG

Zeppelingstraße 116 | 73730 Esslingen
www.bechtle-online.de

Spannende Romane

von der „Geheimnisse"-Hauptautorin Eva-Maria Bast

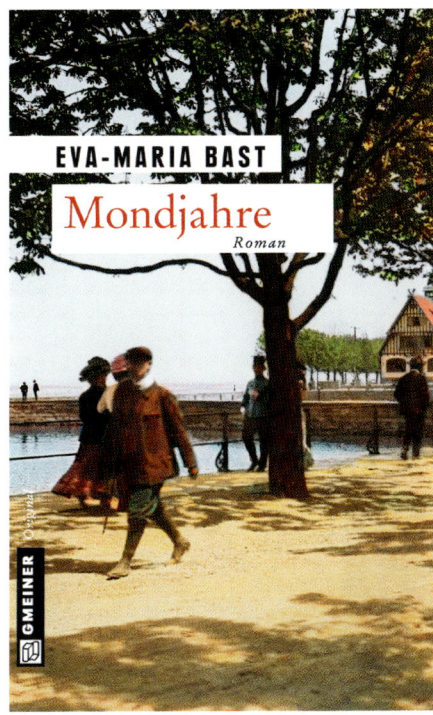

Erscheint
im Frühjahr 2014

im Gmeiner-Verlag.

„Mondjahre"

Deutsches Reich 1914. Johanna, Sophie und Luise sind drei mutige, starke und schöne junge Frauen, die Zukunft liegt verheißungsvoll vor ihnen. Doch dann bricht der Krieg aus und zeigt ihnen das Leben von seiner finstersten Seite. Sophie erwartet ein Kind von einem Franzosen, der jetzt Feind ist, Luise und Johanna geraten in russische Gefangenschaft. Der Krieg verlangt ihnen alles ab. Aber er macht sie auch stärker.

Frauenschicksale in Ostpreußen und am Bodensee.

Spannende Romane

von der „Geheimnisse"-Hauptautorin Eva-Maria Bast

Eva-Maria Bast

Vergissmichnicht: Der erste Fall für Alexandra Tuleit und Ole Strobehn.

280 Seiten. Gmeiner-Verlag 2012, 11,90 Euro.
ISBN: 978-3-8392-1338-4

„Vergissmichnicht"

Die Journalistin Alexandra Tuleit stößt auf einen mysteriösen Mordfall, der sich 1980 in Überlingen ereignet hat. Der Täter wurde nie gefasst. Wenig später wird ihre Informantin tot aufgefunden. Zur gleichen Zeit verschwindet in Südfrankreich eine Frau – und die Spuren führen nach Überlingen und Konstanz. Gemeinsam mit Kommissar Ole Strobehn arbeitet Alexandra Tuleit an der Lösung des Falls ...

Ein spannender Krimi mit viel Lokalkolorit vor der traumhaften Kulisse des Bodensees.

Eva-Maria Bast

Tulpentanz: Der zweite Fall für Alexandra Tuleit und Ole Strobehn.

410 Seiten. Gmeiner-Verlag 2013, 11,99 Euro.
ISBN: 978-3-8392-1413-8

„Tulpentanz"

Leonhard Bux, der junge Geliebte der Firmenchefin Helena Eichenhaun, wird am Bodenseeufer tot aufgefunden. Zeitgleich verschwindet in Aalen die Pfeife des Spions – eines Wahrzeichens der Stadt. Gibt es einen Zusammenhang zwischen den Fällen? Alexandra Tuleit und Kommissar Ole Strobehn enthüllen eine unglaubliche Geschichte, die tief in die Vergangenheit führt. War Leonhard nicht der, für den er sich ausgab? Wer ist der Maulwurf, der Helenas Firma fast in den Ruin trieb? Und dann gibt es noch eine zweite Leiche …

Hochspannung zwischen Aalen und dem Bodensee!

Geheimnisse anders erleben

... unterwegs
mit der App „HeimatSecrets"

Interaktiver Inhalt mit lokalen Geschichten, Karten, Newsfeed und mehr!

Entdecken Sie die Orte und Geschichten aus den „Geheimnissen der Heimat" unterwegs auf dem Smartphone.

So funktioniert's:

1. App und kostenlose Inhalte downloaden.
2. Gewünschten Ort und Geschichte auswählen.
3. Geheimnisse entdecken!

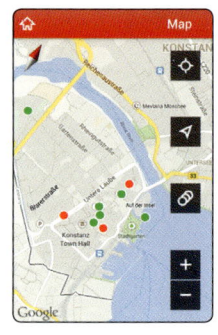

Download der „HeimatSecrets" über QR-Code oder direkt bei:

... hautnah
bei den Geheimnis-Veranstaltungen

Bild: Petra Arnold

Ob für Jung oder für Alt, wir bieten eine bunte Event-Mischung zu den „Geheimnissen der Heimat" für jedermann: literarischer Spaziergang, kulinarisches Menü, Stadtperformance, Bürgertheater, Geheimnis-Monate, lebendige Adventskalender, Geheimnispost auf dem Weihnachtsmarkt, Geheimnis-Abenteuer-Parcours für Kinder, Kinder-Lesungen mit „Clown Phantasie", Geschichten und Klänge der Stadt, Wunschkisten auf dem Weihnachtsmarkt, Besuch vom Weihnachtsengel und vieles mehr.

Informieren Sie sich über das vollständige Programm auf unserer Internetseite:
www.buero-bast.de
oder schreiben Sie uns:
veranstaltungen@buero-bast.de

... im Web
www.buero-bast.de

 Geheimnisse der Heimat